# O SISTEMA GLOBAL DE DIREITOS HUMANOS DA ONU
O ACESSO DAS VÍTIMAS

Editora Appris Ltda.
1.ª Edição - Copyright© 2024 da autora
Direitos de Edição Reservados à Editora Appris Ltda.

Nenhuma parte desta obra poderá ser utilizada indevidamente, sem estar de acordo com a Lei nº 9.610/98. Se incorreções forem encontradas, serão de exclusiva responsabilidade de seus organizadores. Foi realizado o Depósito Legal na Fundação Biblioteca Nacional, de acordo com as Leis nºs 10.994, de 14/12/2004, e 12.192, de 14/01/2010.

Catalogação na Fonte
Elaborado por: Dayanne Leal Souza
Bibliotecária CRB 9/2162

| | |
|---|---|
| O488s<br>2024 | Oliveira, Thaís Magno Gomes de<br>   O sistema global de direitos humanos da ONU: o acesso das vítimas / Thaís Magno Gomes de Oliveira. – 1. ed. – Curitiba: Appris, 2024.<br>   163 p. : il. ; 23 cm. – (Coleção Direito e Constituição).<br><br>   Inclui referências.<br>   ISBN 978-65-250-6845-9<br><br>   1. Direitos humanos. 2. Comitês de monitoramento. 3. Sistema global.<br>   I. Oliveira, Thaís Magno Gomes de. II. Título. III. Série.<br><br>                                                                                                  CDD – 341.481 |

Livro de acordo com a normalização técnica da ABNT

Editora e Livraria Appris Ltda.
Av. Manoel Ribas, 2265 - Mercês
Curitiba/PR - CEP: 80810-002
Tel. (41) 3156 - 4731
www.editoraappris.com.br

Printed in Brazil
Impresso no Brasil

Thaís Magno Gomes de Oliveira

# O SISTEMA GLOBAL DE DIREITOS HUMANOS DA ONU:
## O ACESSO DAS VÍTIMAS

*Appris editora*

Curitiba, PR

2024

## FICHA TÉCNICA

**EDITORIAL**
Augusto Coelho
Sara C. de Andrade Coelho

**COMITÊ EDITORIAL**
Ana El Achkar (Universo/RJ)
Andréa Barbosa Gouveia (UFPR)
Antonio Evangelista de Souza Netto (PUC-SP)
Belinda Cunha (UFPB)
Délton Winter de Carvalho (FMP)
Edson da Silva (UFVJM)
Eliete Correia dos Santos (UEPB)
Erineu Foerste (Ufes)
Fabiano Santos (UERJ-IESP)
Francinete Fernandes de Sousa (UEPB)
Francisco Carlos Duarte (PUCPR)
Francisco de Assis (Fiam-Faam-SP-Brasil)
Gláucia Figueiredo (UNIPAMPA/ UDELAR)
Jacques de Lima Ferreira (UNOESC)
Jean Carlos Gonçalves (UFPR)
José Wálter Nunes (UnB)
Junia de Vilhena (PUC-RIO)
Lucas Mesquita (UNILA)
Márcia Gonçalves (Unitau)
Maria Aparecida Barbosa (USP)
Maria Margarida de Andrade (Umack)
Marilda A. Behrens (PUCPR)
Marília Andrade Torales Campos (UFPR)
Marli Caetano
Patrícia L. Torres (PUCPR)
Paula Costa Mosca Macedo (UNIFESP)
Ramon Blanco (UNILA)
Roberta Ecleide Kelly (NEPE)
Roque Ismael da Costa Güllich (UFFS)
Sergio Gomes (UFRJ)
Tiago Gagliano Pinto Alberto (PUCPR)
Toni Reis (UP)
Valdomiro de Oliveira (UFPR)

**SUPERVISORA EDITORIAL** Renata C. Lopes
**PRODUÇÃO EDITORIAL** Adrielli de Almeida
**REVISÃO** Andrea Bassoto Gatto
**DIAGRAMAÇÃO** Amélia Lopes
**CAPA** Kananda Ferreira
**REVISÃO DE PROVA** Daniela Nazario

### COMITÊ CIENTÍFICO DA COLEÇÃO DIREITO E CONSTITUIÇÃO

**DIREÇÃO CIENTÍFICA** Antonio Evangelista de Souza Netto (PUC-SP)

**CONSULTORES**
Ana Lúcia Porcionato (UNAERP)
Arthur Mendes Lobo (UFPR)
Augusto Passamani Bufulin (TJ/ES – UFES)
Carlos Eduardo Pellegrini (PF - EPD/SP)
Danielle Nogueira Mota Comar(USP)
Domingos Thadeu Ribeiro da Fonseca (TJ/PR – EMAP)
Elmer da Silva Marques (UNIOESTE)
Georges Abboud (PUC/SP)
Guilherme Vidal Vieira (EMPAP)
Henrique Garbelini (FADISP)
José Laurindo de Souza Netto (TJ/PR – UFPR)
Larissa Pinho de Alencar Lima (UFRGS)
Luiz Osório de Moraes Panza (Desembargador TJ/PR, professor doutor)
Luiz Rodrigues Wambier (IDP/DF)
Marcelo Quentin (UFPR)
Mário Celegatto (TJ/PR – EMAP)
Mário Luiz Ramidoff (UFPR)
Maurício Baptistella Bunazar (USP)
Maurício Dieter (USP)
Ricardo Freitas Guimarães (PUC/SP)

# AGRADECIMENTOS

A Deus, pois sem Ele absolutamente nada seria possível.

À minha mãe, pai e irmãs, pelos valores firmados e todo amor.

Ao meu marido, que sempre me auxiliou nos momentos em que precisei me ausentar para concluir este sonhado projeto.

À querida professora doutora Cristina Terezo, que me mostrou o prazer da pesquisa, guiando-me na busca do conhecimento e aperfeiçoamento contínuo.

*Claiming a right makes things happen.*

*(Feinberg, 1980)*

# PREFÁCIO

O Sistema Global de Proteção dos Direitos Humanos, também conhecido como Sistema da Organização das Nações Unidas (ONU), ou Sistema ONU, é formado por uma complexidade de mecanismos de acesso, a partir dos tratados convencionais que gradativamente foram sendo aprovados pela Assembleia Geral, desde a criação da ONU, em 1945. Ao longo das décadas de sua existência restava clara a importância em fixar conteúdo de direitos e obrigações para os Estados em torno do seu cumprimento, mas também em estabelecer mecanismos sofisticados de monitoramento de cumprimento; sofisticado sim, pois havia uma grande resistência por parte dos Estados em expor para a sociedade internacional os níveis de cumprimento das obrigações internacionais e, mais ainda, submeter-se ao processo de responsabilização internacional.

Inaugura-se, assim, uma nova fase dentro das relações internacionais, outrora marcada pelas relações de interesses exclusivamente protagonizadas pelos Estados, sendo que agora essas relações também eram ditadas por organismos internacionais, que passam a representar os interesses dos Estados globais.

Não cabe aqui fazer reflexões sobre os interesses globais e do universalismo esculpidos no repertório normativo sobre qual o Sistema ONU dedicou-se nessas décadas, mas enfatizar o quão complexo tornou-se esse Sistema, não só pelo referido repertório de tratados, mas, principalmente, pelos mecanismos criados convencionalmente ou não, colocados à disposição de nós – seres humanos – para, em casos de violação de direitos, insurgimo-nos contra o Estado numa esfera de litígio internacional nunca antes oportunizada.

Talvez essa teia normativa tenha acabado por impulsionar os sistemas regionais de proteção de direitos humanos, que embora tenham sido criados após o Sistema ONU, refletem uma agenda de direitos humanos relativizada em âmbito regional e dispõem de procedimentos de acesso singelo, além de, certamente, terem tribunais com funções jurisdicionais.

Seguramente, a teia dos mecanismos de acesso ao Sistema ONU entrelaça os direitos em diferentes níveis de exigência, em termos de requisitos de demanda, e insere os peticionários em uma trama ao proferir decisões acerca dos mesmos requisitos de admissibilidade ou da emissão das recomendações quando da análise de mérito, lançando as vítimas nos fios desse tear, muitas vezes emaranhados e sem saída, medidos pelos níveis de cumprimento dessas recomendações.

E é justamente essa teia que a autora busca romper, desvendando as competências dos Comitês temáticos, pois sua preocupação é identificar os principais órgãos de monitoramento em funcionamento dentro do Sistema ONU, criados pelos tratados, bem como os requisitos de acesso aos mecanismos de monitoramento, que podem ser acionados pelas pessoas, mas com foco no sistema de peticionamento.

A autora faz isso de forma muito cuidadosa, certamente em razão da sua dupla graduação – em Relações Internacionais e em Direito –, que lhe permite não apenas fazer uma leitura dogmática sobre o Sistema, mas também compreender a trajetória desse organismo internacional para a consecução do seu próprio escopo de criação.

A partir da análise dos relatórios de decisão divulgados pelos Comitês, a autora usa sua *expertise* no levantamento e na análise jurisprudencial do seu período de estágio na Clínica de Direitos Humanos da Amazônia da Universidade Federal do Pará, onde a pesquisa apresenta-se como uma competência já bem desenvolvida, assim como habilidade em argumentações escrita e oral, pelas experiências que os títulos em julgamentos simulados lhe renderam.

Já em âmbito do mestrado, a competência de pesquisa apresenta-se de forma muito madura, quando do levantamento jurisprudencial realizado nos Comitês temáticos com competência sobre o Brasil. Na oportunidade, a autora analisa desde a problemática quanto à nomenclatura, o trâmite de uma petição apresentada no procedimento de Comunicações Individuais e no mecanismo de Ação Urgente, explicitando seus requisitos de admissibilidade, não apenas fazendo a leitura dos tratados, mas partir de como os Comitês temáticos interpretam tais dispositivos, apontando convergência e divergência, o que torna a presente obra algo inédito na literatura brasileira sobre o tema e exorta a trama dos julgados em que estão inseridas as vítimas e os peticionários.

Percebe-se que a literatura existente no Brasil acaba por vezes apresentando esse sistema a partir da mera análise dos dispositivos normativos. Ao desemaranhar a teia, a autora revela-nos que requisitos como esgotamento dos recursos internos e litispendência podem sofrer variações de interpretações, fazendo com que o peticionário seja atraído para Comitês temáticos com entendimentos mais favoráveis à sua estratégia de litígio, estimulando uma concorrência entre os Comitês e, por que não dizer, sobre reconhecimento de direitos. E, mais uma vez, tem-se uma abordagem inédita em língua portuguesa.

 É importante registrar ainda que a autora desvenda a dificuldade de acesso ao complexo sistema das Nações Unidas, que ela tão bem apresenta, quando nos informa acerca dos únicos seis casos brasileiros registrados diante dos Comitês temáticos. Talvez esse número reduzido de casos, diante do cenário de violações de direitos humanos existente no Brasil, ateste a complexidade e, ao mesmo tempo, exponha a importância da presente obra, não apenas para dar a conhecer sobre o objeto, mas servir como um estudo que estimule o acesso pelos peticionários e pelas vítimas.

 A obra, que deriva da sua dissertação de mestrado no Programa de Pós-Graduação em Direito da Universidade Federal do Pará, aprovada com distinção pela banca examinadora, com certeza marcará a literatura brasileira sobre o tema pelo seu ineditismo e contribuirá para o peticionamento de casos brasileiros no âmbito do Sistema Global de Proteção dos Direitos Humanos, por antecipar interpretações e expor os níveis de exigências formais. Com efeito, o livro é um convite para aqueles que pesquisam o tema e para aqueles que se socorrem de um sistema de reconhecimento de direitos, ainda por ser desembaraçar.

Cristina Terezo

*Universidade Federal do Pará*

# LISTA DE SIGLAS

AGNU - Assembleia Geral das Nações Unidas.
CAT - Committee against Torture – Comitê contra a Tortura.
CCPR - Committee on Civil and Political Rights – Comitê sobre Direitos Civis e Políticos.
CDH - Conselho de Direitos Humanos.
CED - Committee on Enforcement Disappearances – Comitê contra o Desaparecimento Forçado.
CEDAW - Committee on the Elimination of Discrimination against Women – Comitê para Eliminação de Todas as Formas de Discriminação contra a Mulher.
CERD - Comitê para Eliminação de Todas as Formas de Discriminação Racial.
CESCR - Committee on Economic, Social and Cultural Rights – Comitê sobre os Direitos Econômicos, Sociais e Culturais.
CMW - Committee on Migrant Workers – Comitê sobre os Trabalhadores Migrantes.
CNPIR - Conselho Nacional de Promoção da Igualdade Racial.
CorteIDH - Corte Interamericana de Direitos Humanos.
CRC - Committee on the Rights of the Child – Comitê sobre os Direitos da Criança.
CRPD - Committee on the Rights of People with Disabilities – Comitê sobre o Direito das Pessoas com Deficiência.
CVDT - Convenção de Viena sobre o Direito dos Tratados.
DUDH - Declaração Universal de Direitos Humanos.
ECOSOC - Economic and Social Council – Conselho Econômico e Social.
Ecij - Estatuto da Corte Internacional de Justiça.
HRC - Human Rights Committee – Comitê de Direitos Humanos.
ICAT - International Convention Against Torture – Convenção contra a Tortura e outros Tratamentos ou Penas cruéis, Desumanas ou Degradantes.
ICERD - International Convention on the Elimination of All Forms of Racial. Discrimination – Convenção sobre a Eliminação de todas as Formas de Discriminação Racial.

ICMW - International Convention on the Protection of the Rights of All Migrant. Workers and Members of Their Families – Convenção Internacional. sobre a Proteção de Todos os Trabalhadores Migrantes e suas Famílias.

NPM - National preventive mechanisms – Mecanismos de prevenção nacionais.

OHCHR - Officer of the High Commissioner on Human Rights – Escritório do Alto. Comissariado para os Direitos Humanos.

ONG - Organizações Não Governamentais.

ONU - Organização das Nações Unidas.

OPCAT - Optional Protocol to the Convention Against Torture – Protocolo Facultativo à Convenção Internacional contra a Tortura e Tratamentos ou Penas Desumanas, Cruéis ou Degradantes.

PIDCP - Pacto Internacional de Direitos Civis e Políticos.

Pidesc - Pacto Internacional de Direitos Econômicos, Sociais e Culturais.

RPU - Revisão Periódica Universal.

SPT - Subcomitê para a Prevenção da Tortura.

TEDH - Tribunal Europeu de Direitos Humanos.

# SUMÁRIO

INTRODUÇÃO..................................................................17

1
SISTEMA GLOBAL DE DIREITOS HUMANOS: OS COMITÊS
ONUSIANOS E SEUS MECANISMOS DE MONITORAMENTO................. 27
1.1 NOÇÕES INTRODUTÓRIAS................................................ 27
1.2 OS COMITÊS DE MONITORAMENTO (ÓRGÃOS DE TRATADOS)
E SEUS MECANISMOS ........................................................ 38
   1.2.1 Composição e inter-relação entre os comitês de monitoramento
   (órgãos de tratados).........................................................41
   1.2.2 Comitê sobre a Eliminação da Discriminação Racial
   (por sua sigla em inglês, CERD) ................................................ 47
   1.2.3 Comitê de Direitos Humanos (por sua sigla em inglês, CCPR ou HRC) .... 50
   1.2.4 Comitê de Direitos Econômicos, Sociais e Culturais
   (por sua sigla em inglês, CESCR) ................................................ 52
   1.2.5 Comitê para Eliminação de Todas as Formas de Discriminação contra a
   Mulher (por sua sigla em inglês, CEDAW) ........................................ 53
   1.2.6 Comitê contra a Tortura (por sua sigla em inglês, CAT) ................... 55
   1.2.7 Subcomitê para a Prevenção da Tortura (por sua sigla em inglês, SPT) .... 56
   1.2.8 Comitê sobre os Direitos da Criança (CRC) ............................... 57
   1.2.9 Comitê para a Proteção de Todos os Trabalhadores Migrantes (CMW) ... 60
   1.2.10 Comitê sobre os Direitos das Pessoas com Deficiência (CRPD) ...........61
   1.2.11 Comitê contra o Desaparecimento Forçado (por sua sigla em inglês, CED) 63
1.3 PROCEDIMENTOS E ANÁLISE COMPARATIVA
DOS ÓRGÃOS DE TRATADOS .................................................. 66

2
OS MECANISMOS DE INICIATIVA DAS VÍTIMAS:
PETICIONAMENTO INDIVIDUAL FRENTE AOS COMITÊS ................... 75
2.1 BREVES CONSIDERAÇÕES................................................. 75
2.2 PETIÇÃO, COMUNICAÇÕES, DENÚNCIAS OU QUEIXAS?
O PROBLEMA DA NOMENCLATURA ........................................... 78
2.3 O PROCEDIMENTO DE COMUNICAÇÕES INDIVIDUAIS (QUEIXAS) DOS
COMITÊS DE MONITORAMENTO COM COMPETÊNCIA SOBRE O BRASIL ...... 82

2.3.1 Características gerais do procedimento
de Comunicações Individuais (Queixas) ........................................ 85
    *2.3.1.1 Requisitos subjetivos de admissibilidade: legitimidade das partes* .................. 90
    *2.3.1.2 Requisitos objetivos de admissibilidade*......................................... 95
**2.4 O PROCEDIMENTO DE AÇÃO URGENTE NO COMITÊ CONTRA O DESAPARECIMENTO FORÇADO (CED)** .......................................... 99
**2.5 CONCLUSÕES E ANÁLISE COMPARATIVA** ................................. 102

# 3
# OS REQUISITOS DE ADMISSIBILIDADE: A JURISPRUDÊNCIA DOS COMITÊS E OS CASOS BRASILEIROS ..................................... 105
  **3.1 REQUISITO SUBJETIVO DE ADMISSIBILIDADE:** *RATIONE PERSONAE* E *STATUS* DE VÍTIMA ....................................................... 105
  **3.2 REQUISITOS OBJETIVOS DE ADMISSIBILIDADE**........................... 109
    3.2.1 Não ser a petição manifestamente infundada
    ou mal fundamentada........................................................110
    3.2.2 Requisito *ratione temporis* ................................................112
    4.2.3 Litispendência internacional................................................115
    3.2.4 Esgotamento dos recursos internos........................................117
    3.2.5 Não constituir em abuso do direito de petição..............................123
    3.2.6 Não ser incompatível com as disposições do tratado (*ratione materiae*) .. 124
  **3.3 OS CASOS BRASILEIROS NOS COMITÊS DE MONITORAMENTO**.............125
    3.3.1 Caso S.C. *vs.* Brasil ....................................................... 126
    3.3.2 Caso F.O.F. *vs.* Brasil ..................................................... 129
    3.3.3 Caso Chiara Sacchi e outros *vs.* Brasil .....................................131
    3.3.4 Caso Lourdes da Silva Pimentel *vs.* Brasil ................................ 134
    3.3.5 Caso Lula da Silva *vs.* Brasil ...............................................137
    3.3.6 Caso David Santos Fiuza................................................... 139

**CONSIDERAÇÕES FINAIS**...................................................... 143

**REFERÊNCIAS**................................................................. 149

# INTRODUÇÃO

A ordem internacional pós-Segunda Guerra Mundial foi construída tendo como um dos seus pilares os direitos humanos, uma vez que as atrocidades decorrentes do nazismo demonstraram que a colaboração entre os povos na reorganização das relações internacionais exigia o respeito à dignidade humana como seu referencial ético, despertando a consciência jurídica universal sobre a necessidade de modificar as bases do ordenamento jurídico (Comparato, 2008; Piovesan, 2022; Trindade, 1998).

Nesse cenário, em 1945, foi criada pelos Estados a Organização das Nações Unidas (Nações Unidas ou ONU), por meio da celebração da Carta de São Francisco ou Carta da ONU,[1] com o objetivo de "civilizar o anárquico *estado de natureza* de guerra de todos contra todos" (Lafer, 1995, p. 169, grifos do autor).

A criação da ONU visava servir aos Estados não somente como uma instância de arbitragem e cooperação econômico-comercial, mas também de atuação em prol dos direitos humanos, substituindo-se a noção tradicional de soberania territorial, em que se entendia que o que acontece no interior dos Estados é de seu exclusivo interesse (Comparato, 2008; Silva; Gonçalves, 2005).

De acordo com o artigo 1 da Carta da ONU (BRASIL, 1945), está entre seus propósitos: manter a paz e a segurança internacional; desenvolver relações amistosas entre as nações; conseguir uma cooperação internacional para resolver problemas de caracteres econômico, social, cultural e humanitário e para promover e estimular o "respeito aos direitos humanos e às liberdades fundamentais para todos".

Para Lauterpacht (1950), ao trazer em seus dispositivos o reconhecimento e a necessidade de proteção dos direitos humanos, a Carta da ONU acabou por conferir ao indivíduo o status de sujeito de direitos, uma

---

[1] "Carta", consoante Rezek (2022), é a designação utilizada com preferência para referir-se a tratados constitutivos de organizações internacionais. Segundo Shaw (2010, p. 671), "há diversas palavras que podem ser, e às vezes são, usadas para expressar o mesmo conceito: protocolo, ato, carta, convênio, pacto e concordata. Cada um desses termos refere-se à mesma atividade básica [...]", sendo o uso de uma expressão ou outra uma busca pela variedade de denominação. Assim, esses termos nada mais representam em essência o mesmo fenômeno, transcrito no artigo 2 da Convenção de Viena sobre o Direito dos Tratados de 1969 (CVDT): um acordo internacional concluído entre Estados sob a forma escrita e regido pelo Direito Internacional, quer consubstanciado num único instrumento, quer em dois ou mais instrumentos relacionados, e qualquer que seja sua designação específica (Shaw, 2010, p. 671-672).

vez que não há qualquer norma de Direito Internacional que retire dos indivíduos a capacidade de adquirirem direitos ou obrigações diretamente dos costumes ou dos tratados internacionais.

Outrossim, as provisões contidas na Carta de São Francisco impõem um dever legal perante a comunidade internacional, o que significa que não só os Estados-membros da ONU estão obrigados a atuarem em conformidade com os objetivos de promoção e proteção dos direitos humanos, mas também os próprios órgãos da organização (Lauterpacht, 1950).

Os principais órgãos competentes para implementar as provisões de direitos humanos contidas na Carta da ONU, conforme destacam Lauterpacht (1950) e Comparato (2008), são a Assembleia Geral (Agnu) e o Conselho Econômico e Social (ECOSOC), sendo que ficou a cargo deste último a missão de explicitar quais seriam esses direitos, apenas genericamente mencionados no texto constitutivo da Organização.

Com efeito, o ECOSOC criou a Comissão de Direitos Humanos, órgão subsidiário a quem competia os estudos e a elaboração dos standards e mecanismos de promoção dos direitos humanos, sendo o seu primeiro trabalho a elaboração da Declaração Universal de Direitos Humanos (DUDH), aprovada pelos países-membros da Organização em 10 de dezembro de 1948, contendo direitos civis, políticos, econômicos, sociais e culturais, conciliando diferentes filosofias e marcando o início da normatização internacional dos direitos humanos (Comparato, 2008; Terezo, 2014).

Segundo Anaya Muñoz (2017), é nesse contexto que surge, do ponto de vista das Relações Internacionais, o regime internacional dos direitos humanos,[2] com normas e regras que parecem confundir-se dentro dos instrumentos internacionais (declarações, pactos, tratados e convenções sobre direitos humanos que tanto prescrevem como proscrevem comportamentos e ações), assim como os tratados fundacionais das organizações internacionais (como a Carta da ONU) trazem uma diversidade de órgãos, mecanismos e procedimentos a impulsionar a implementação desse regime.

De acordo com o clássico conceito de Krasner (2012), regimes internacionais podem ser conceituados como princípios (crenças em fatos, causas e valores morais), normas (padrões de comportamento definido

---

[2] De acordo com Donnelly (2003, p. 127), é comum aos estudantes de Relações Internacionais a expressão "regimes internacionais", traduzindo um sistema de normas e procedimentos de tomadas de decisão (*decision-making*) aceito pelos Estados como obrigatórios em determinados assuntos ou temas.

em termos de direitos e obrigações), regras (prescrições e proscrições de ação) e procedimentos de tomada de decisões (práticas dominantes para fazer e executar a decisão coletiva) de determinada área das relações internacionais em torno dos quais convergem as expectativas dos atores.

Cumpre registrar que a expressão "regime internacional dos direitos humanos" é utilizada por Anaya Muñoz (2017, p. 173-174) com preferência à expressão "sistema internacional dos direitos humanos" – esta adotada por parte respeitável da doutrina de Direito Internacional dos Direitos Humanos, como Philip Alston (2020) e Manfred Nowak (2003) – por acreditar que a utilização da ideia de "regime" seria descritiva e analiticamente mais útil que "sistema", representando mais utilidade prática no campo das Relações Internacionais.[3] Assim, o mencionado autor subdivide o regime internacional de direitos humanos em regimes interamericano, europeu, africano e universal.

Segundo Nowak (2003, p. 67), quando se fala em "sistema internacional de direitos humanos", geralmente se está referindo aos standards (tratados internacionais, declarações, diretrizes e demais normas de *soft law*[4]), órgãos e procedimentos desenvolvidos sob Direito Internacional para a proteção dos direitos humanos pelas organizações intergovernamentais.

Desse modo, observa-se que para o ramo científico do Direito, a nomenclatura "regime" ou "sistema", quando em referência à arquitetura de promoção e proteção dos direitos humanos, não altera a compreensão sobre o presente estudo, de sorte que será utilizada com preferência a expressão "sistema", por ser mais comum à doutrina jurídica, bem como a expressão encontrada em Resoluções da Assembleia Geral da ONU, como as Resoluções n.º 66/254 de 2012, n.º 68/268 de 2014, n.º 73/162 e n.º 75/174 de 2020, que tratam sobre o fortalecimento e o aprimoramento do "Sistema de Órgãos de Tratados de Direitos Humanos" (Nations Unies, 2012, 2014, 2019, 2020).

---

[3] Na seara das Relações Internacionais, a ideia de regimes internacionais é consagrada pela maioria dos internacionalistas (como Robert Keohane, Hedley Bull e Raymond Hopkins) com o intuito de avaliar o comportamento dos atores internacionais em torno de um tema específico das relações internacionais, pois sua definição traz variáveis analíticas importantes (como regras, normas e procedimentos), conforme destacado no supramencionado conceito de Stephen Krasner (Krasner, 2012).

[4] De acordo com Rezek (2022, p. 103), as *soft law* representam "diretrizes de comportamento", mais do que de "obrigações de resultado". Conforme esclareceu com Varella (2018, p. 176), o Direito Internacional é formado por normas de diferentes graus de normatividade, assim há normas que geram obrigações para as partes que ratificam; normas consideradas imponíveis a todos os Estados, mesmo sem sua aceitação expressa (*jus cogens*) e normas que, mesmo com o compromisso assumido pelo ente estatal, não geram obrigações rígidas (*soft norms* ou *soft law*).

A ONU desenvolveu a maior parte dos standards de direitos humanos, bem como um complexo sistema de órgãos e procedimentos para monitorar seu cumprimento, criando-se um Sistema Global (ou Universal) que tem força não tanto pela sua capacidade de imposição (*enforcement*), que seria o nível mais alto de institucionalidade[5] de um regime, conforme caracterizado por Anaya Munõz, mas na atividade desenvolvida por seus órgãos políticos que, no caso dos comitês de monitoramento, desempenham funções de proteção dos direitos humanos com competências quase judiciais quando analisam comunicações (queixas) individuais[6] (Anaya Muñoz, 2017; Nowak, 2003).

De acordo com Rodley (2003), acompanhado por Alston e Crawford (2003), o Sistema Global ou Universal de Direitos Humanos das Nações Unidas (também chamado de "Sistema ONU"[7]) pode ser subdividido em dois grandes ramos ou sistemas: Sistema Extraconvencional, "não convencional" ou "Sistema com base na Carta" (*Charter-based*) e Sistema Convencional ou Sistema de Órgãos de Tratados (*treaty-based bodies*[8]), os quais têm órgãos e procedimentos distintos.

O Sistema *Charter-based* congrega órgãos e procedimentos que são criados a partir de Resoluções editadas com fundamento jurídico direto da Carta da ONU, vinculando todos os Estados-membros das Nações Unidas, independentemente de ratificação ou adesão a novos tratados internacionais, ou seja, os mecanismos do Sistema *Charter-based* têm suas bases em normas de *soft law* que, como explica Villegas Ergueta (2015),

---

[5] Segundo Anaya Muñoz (2017), os regimes internacionais de direitos humanos podem ser divididos e caracterizados conforme os graus de institucionalidade. O termo "institucionalidade" é usado pelo autor com base na matriz desenvolvida por Donnelly para avaliar o funcionamento dos regimes de direitos humanos, com referência à delegação dada pelos Estados aos órgãos internacionais criados para realizar o monitoramento, a promoção e/ou a implementação dos direitos humanos previstos em tratados ou declarações. Nesse sentido, pode-se compreender que falar em graus de institucionalidade faz-se referência à força de um regime ou sistema internacional, isto é, o quanto um dado regime é capaz de afetar o comportamento (atuação) de um Estado.

[6] Destaca-se que ao longo do presente livro as expressões "comunicação individual", "queixa", "petição" ou "denúncia" referem-se ao documento escrito elaborado pelos indivíduos, enquanto a expressão grafada com as iniciais maiúsculas, "Comunicações Individuais", identifica o mecanismo específico a cargo dos comitês de monitoramento que permitem o acesso das vítimas por meio de petições.

[7] Nesta obra serão utilizados os termos de maneira indistinta para evitar sucessivas repetições, com preferência, todavia, à nomenclatura Sistema Global.

[8] Ao longo do livro será utilizada de forma intercambiante a expressão "Sistema Convencional", "Sistema Convencional de Direitos Humanos", "Sistema de Órgãos de Tratados" e "*Treaty-based-bodies*" para se referir ao ramo do Sistema Global de Direitos Humanos formado a partir da celebração de tratados internacionais específicos, bem como a seus órgãos de monitoramento, mais comumente denominados de órgãos de tratados ou comitês de monitoramento.

descrevem uma variedade de normas não juridicamente vinculantes ao se comparar com as fontes tradicionais do Direito Internacional.

As fontes tradicionais (*hard law*) do Direito Internacional estão registradas no art. 38[9] do Estatuto da Corte Internacional de Justiça (Ecij): tratados internacionais; costume internacional; princípios gerais de Direito; e, como meios auxiliares, as decisões judiciárias e a doutrina (Rezek, 2022; Villegas Ergueta, 2015).

Os atos unilaterais e as decisões de Organizações Internacionais não estão no rol do supracitado artigo da Corte Internacional de Justiça, como aponta Rezek (2022), o que gera controvérsia doutrinária quanto à sua categoria de fontes autônomas de produção do Direito.

A seu turno, o Sistema Convencional é formado por nove tratados internacionais principais[10] (*the core Human Rights treaties*) e por Protocolos Facultativos, os quais preveem distintos mecanismos de fiscalização dos Estados a cargo de cada comitê de monitoramento estabelecido a partir do respectivo tratado (O'Flaherty; O'Brien, 2007; Egan, 2013; Estrada Tanck, 2021; Ramos, 2019).

Enfatiza Egan (2013) que o Sistema Convencional não nasceu como um sistema, mas as semelhanças dos órgãos de tratados (ou comitês de monitoramento),[11] em termos de natureza constitutiva, atribuições e poderes, levou gradualmente à concepção de um.

Desde a celebração da Convenção para Eliminação de Todas as Formas de Discriminação Racial e dos Pactos Internacionais de 1966, ocorreu uma proliferação de tratados internacionais de direitos humanos, bem

---

[9] Não há um corpo legislativo internacional capaz de gerar normas que vinculem todos os países, porém é possível extrair fontes de Direito Internacional, sobretudo no artigo 38 do Estatuto da Corte Internacional de Justiça que, embora não tenha como objetivo revelar as fontes de direito, mas explanar quais fontes a Corte Internacional de Justiça pode se basear para resolver os litígios que lhe são submetidos, existe um consenso entre os atores internacionais de que o rol do mencionado artigo elenca a fontes de Direito Internacional (Villegas Ergueta, 2015).

[10] A Convenção sobre a Eliminação de todas as Formas de Discriminação Racial de 1965; o Pacto Internacional sobre Civis e Políticos (PIDCP), de 1966; o Pacto Internacional sobre Direitos Econômicos, Sociais e Culturais (Pidesc), de 1966; a Convenção sobre Eliminação de todas as Formas de Discriminação contra a Mulher, de 1979; a Convenção contra a Tortura e outros Tratamentos ou Penas cruéis, Desumanas ou Degradantes, de 1984; a Convenção sobre os Direitos da Criança, de 1989; a Convenção sobre a Proteção dos Trabalhadores Migrantes e suas famílias, de 1990; a Convenção para Proteção de Todas as Pessoas contra o Desaparecimento Forçado, de 2006, e a Convenção sobre o Direito das Pessoas com Deficiência, de 2007.

[11] Nesta obra serão utilizadas de forma intercalada tanto a expressão "comitês de monitoramento" como "órgãos de tratados", haja vista que são sinônimos para se referirem aos órgãos criados por cada tratado internacional com atribuição de monitorar o cumprimento dos deveres estatais avençados na celebração dos tratados *onusianos*.

como de procedimentos a cargo dos comitês de monitoramento, gerando uma sobrecarga de atividades e de demandas postas aos Estados, com a emissão de recomendações às vezes contraditórias entre si (Egan, 2013; Ramos, 2019; Stoll, 2008).

Não por outra razão, é de longa data os debates envolvendo a modificação e/ou harmonização da estrutura do Sistema Convencional, com propostas de criação de um único órgão ou comitê, inclusive e, especialmente, por parte do Alto Comissariado das Nações Unidas, segundo destacado por Ramos (2019), Egan (2013) e O'Flaherty e O'Brien (2007).

Nesse contexto, a presente obra examina os esforços e a dinâmica existente dentro da ONU acerca da harmonização e/ou aprimoramento do Sistema Convencional, destacando-se, sobretudo, o mecanismo de peticionamento individual e seus requisitos de admissibilidade.

Afinal, tendo em vista a variedade de comitês de monitoramento com regulamentos distintos e possibilidade de desenvolvimento jurisprudencial diversificado, podem surgir eventuais dificuldades por parte das vítimas com relação ao acesso e ao funcionamento do sistema, inviabilizando a proteção dos direitos humanos em casos concretos.

Como bem expressou Trindade (2002), o direito de petição individual é um método de implementação dos direitos humanos que possibilita ao indivíduo buscar a reparação (ou proteção) de seus direitos, ao mesmo tempo em que contribui para que o Estado seja compelido a respeitar as obrigações internacionais que se vinculou por meio dos tratados internacionais.

Nessa linha, salta aos olhos que embora o Brasil tenha reconhecido a competência dos comitês de monitoramento para análise de petições individuais[12] há mais de 20 anos,[13] apenas cinco casos foram registrados no mecanismo de Comunicações Individuais[14] e apenas dois tiveram análise de mérito: o caso Alyne Pimentel e o caso Lula da Silva.

---

[12] Até a publicação desta obra, o Brasil só não reconheceu internacionalmente a competência para o recebimento de petições ou comunicações individuais do Comitê sobre Direitos Econômicos, Sociais e Culturais, do Comitê contra o Desaparecimento Forçado e do Comitê sobre os Direitos dos Trabalhadores Migrantes e suas Famílias.

[13] Como são os casos do Comitê para Eliminação da Discriminação Racial; Comitê de Direitos Humanos; Comitê contra a Tortura e Comitê para Eliminação de Todas as Formas de Discriminação contra a Mulher.

[14] Caso S.C. vs. Brasil, caso F.O.F. vs. Brasil, ambos apresentados no Comitê sobre os Direitos da Pessoa com Deficiência; caso Chiara Sacchi, Greta Thunberg e outros vs. Brasil (e outros), apresentado no Comitê sobre os Direitos da Criança; caso Lourdes da Silva Pimentel vs. Brasil, peticionado no Comitê para Eliminação de Todas as Formas de Discriminação contra a Mulher; e caso Lula da Silva vs. Brasil no Comitê de Direitos Humanos.

Por conseguinte, surge a suposição de que as vítimas brasileiras ou desconhecem o funcionamento e a possibilidade de peticionarem ao sistema em casos concretos, ou encontram óbices nesse acesso, ou mesmo não acreditam que esse seja uma alternativa viável na proteção de seus direitos.

Ainda que todas as hipóteses levantadas sejam instigantes para serem exploradas, nesta obra foi investigada a temática da dificuldade ou não do acesso das vítimas ao sistema, sem se descuidar de mostrar toda a complexidade dele, em razão da quantidade de comitês de monitoramento e seus mecanismos, conforme já apontado.

A fim de desenvolver a abordagem ora proposta, adotei na presente obra o método de trabalho dedutivo e qualitativo, utilizando como metodologia de pesquisa a análise bibliográfica, compulsando as doutrinas nacional e internacional, sobretudo autores de referência que já integraram órgãos das Nações Unidas de promoção e proteção dos direitos humanos, tais como Manfred Nowak e Philip Alston.

Igualmente, busquei, em documentos oficiais emanados da Organização das Nações Unidas, informações relevantes para o aprofundamento do presente estudo, especialmente os Regimentos Internos (*rules of procedure*) e a jurisprudência dos comitês de monitoramento dos últimos três anos em média, ampliando ou reduzindo esse "lapso" temporal a depender da quantidade de casos anuais julgados por comitê, a fim de estabelecer um panorama relativamente consistente no tocante aos requisitos de admissibilidade de uma petição.

O primeiro capítulo do livro aborda a contextualização e a formação do Sistema Convencional, apresentando os 10 comitês de monitoramento e seus mecanismos de fiscalização da atuação dos Estados-partes em favor dos direitos humanos. Para realizei um levantamento doutrinário utilizando, essencialmente, do instrumento de busca por assunto no Portal de Periódicos da Capes, selecionando artigos que abordavam a temática dos órgãos de tratados da ONU.

A partir da coletânea de artigos científicos selecionada e de livros e publicações de autores nacionais de referência no tema dos sistemas internacionais de direitos humanos, como Piovesan (2015) e Ramos (2019), foi possível refinar a pesquisa de Resoluções, Relatórios e demais documentos disponíveis no site da ONU que envolviam o assunto dos comitês de monitoramento ou órgãos de tratados (*treaty bodies*), como preferencialmente referenciado em seu termo em inglês.

A investigação de informações nos sites da ONU ocorreu de maneira acurada, sendo alguns documentos encontrados na página do Escritório do Alto Comissariado das Nações Unidas[15] para os Direitos Humanos, outros na Biblioteca Digital[16] da ONU e na Coletânea de Tratados das Nações Unidas.[17]

Assim, na construção do capítulo 1, foram analisados os tratados internacionais em seus textos originais, conforme armazenados oficialmente no banco de dados das Nações Unidas, avaliando-se o status de ratificação ou assinatura de cada tratado, e demais regulamentos ou resoluções, sendo essa a devida referência quando se trata de Direito Internacional dos Direitos Humanos e possibilidades de responsabilização internacional.

No segundo capítulo, por meio da doutrina abordei a problemática do peticionamento individual dentro do Sistema Convencional, destacando, preliminarmente, a diversidade e a definição da nomenclatura utilizada para, em seguida, traçar o caminho percorrido por uma petição dentro do procedimento de Comunicações Individuais (o rito), bem como no mecanismo de Ação Urgente, explicitando seus requisitos de admissibilidade.

Para esse fim, selecionei livros e artigos de doutrinadores da área, como Nowak (2006) e Trindade (2012), bem como publicações oficiais da ONU sobre o procedimento de queixas. Especialmente, analisei as normas constantes nos Regimentos Internos (*Rules of Procedure*) de cada comitê de monitoramento, bem como uma amostragem de casos fixados na base de dados de jurisprudência, utilizando-se da ferramenta da busca avançada, a fim de delimitar os temas atinentes aos requisitos de admissibilidade.

No exame específico dos casos analisados, o foco foram as considerações dos comitês sobre cada preliminar de mérito controvertida pelas partes, selecionando-se aqueles em que houve maiores debates ou ponderações para tomada de decisão. Por meio desse método de filtragem de casos busquei averiguar com maior amplitude a consistência da jurisprudência dos comitês sobre os mesmos assuntos.

No último capítulo, analisei os requisitos de admissibilidade de uma petição (preliminares de mérito), destacando como eles são interpretados por cada comitê, realizando um exame comparativo entre os órgãos de

---

[15] Disponível em: https://www.ohchr.org/en/treaty-bodies. Acesso em: 10 jun. 2023.
[16] Disponível em: https://digitallibrary.un.org/. Acesso em: 15 jan. 2023.
[17] Disponível em: https://treaties.un.org/pages/Home.aspx?clang=_en. Acesso em: 11 jun. 2023.

tratado. Em um segundo momento, apresentei os cinco casos brasileiros já registrados no mecanismo de Comunicações Individuais, bem como o único caso catalogado no mecanismo de Ação Urgente. Ainda, realcei quais os direitos invocados pelas vítimas, bem como as considerações dos comitês sobre as preliminares de mérito, de modo a exemplificar, a partir deles, a dificuldade ou não do acesso ao sistema.

Em desfecho, expus as considerações finais, concluindo pela complexidade do Sistema Convencional, parte essencial do Sistema Global de Direitos Humanos, que permite aos indivíduos levarem casos concretos para apreciação dos comitês de monitoramento dos tratados. Infelizmente, foram atestados inúmeros entraves no acesso às vítimas brasileiras, cujas petições não logram o preenchimento de todos os requisitos de admissibilidade, quiçá em razão da falta de familiaridade com o sistema ou por crenças com relação ao cumprimento das determinações dos comitês por parte das lideranças políticas. Ademais, a jurisprudência revela que nem sempre os ensinamentos da doutrina sobre o Sistema Convencional correspondem com a realidade prática.

# 1

# SISTEMA GLOBAL DE DIREITOS HUMANOS: OS COMITÊS ONUSIANOS E SEUS MECANISMOS DE MONITORAMENTO

Antes de adentrar no exame dos comitês de monitoramento, suas inter-relações e seus mecanismos, inicio o presente capítulo com uma síntese do contexto histórico da formação do Sistema Global ou Universal de Direitos Humanos, necessária para entender e localizar os órgãos de tratados na arquitetura internacional de promoção e proteção dos direitos humanos.

## 1.1 NOÇÕES INTRODUTÓRIAS

Segundo Comparato (2008), o processo de internacionalização e institucionalização[18] dos direitos humanos, iniciado na Carta da ONU de 1945, ganha força no ano seguinte, quando o Conselho Econômico e Social da ONU (ECOSOC) cria a Comissão de Direitos Humanos com a missão de desenvolver seus trabalhos em três etapas: (1) elaborar uma Declaração de Direitos Humanos; (2) formular um documento com força jurídica vinculante; (3) criar mecanismos internacionais de implementação desses direitos, formando uma estrutura "adequada para assegurar o respeito aos direitos humanos e tratar os casos de sua violação" (Comparato, 2008, p. 225; NOWAK, 2003, p. 75).

Em relação à primeira etapa, a Declaração Universal de Direitos Humanos (DUDH), concebida como interpretação dos artigos 1.3 e 55 da Carta da ONU, foi elaborada pelos Estados a fim de, consoante Piovesan (2022, p. 75), "delinear uma ordem pública mundial fundada no respeito

---

[18] Ao se falar em processo de internacionalização e institucionalização, faz-se referência ao caminho histórico percorrido desde a formulação do conceito de direitos humanos do pós-Segunda Guerra Mundial, a elaboração de instrumentos jurídicos vinculantes (sobretudo tratados), até a criação de mecanismos que objetivam sua promoção e sua proteção, e, mais recentemente, até mesmo a prevenção de violações a direitos humanos (os três "Ps" mencionados por Nowak (2003): *promotion, protection and prevention*. Ver mais em Fábio Konder Comparato, em *A afirmação histórica dos direitos humanos*, e Manfred Nowak, em *The introduction to the International Human Rights Regime*.

à dignidade humana", tendo seu texto conjugado os valores de liberdade e igualdade humana, e logo abrangendo tanto direitos civis e políticos como direitos econômicos, sociais e culturais – de forma a introduzir uma concepção contemporânea de direitos humanos, que passam a ser compreendidos como uma unidade interdependente e indivisível (Piovesan, 2022).

Em 16 de dezembro de 1966, conforme destacou Comparato (2008, p. 279), foram celebrados dois tratados internacionais no âmbito da Assembleia Geral da ONU a fim de pormenorizar o conteúdo dos direitos humanos inscritos na DUDH, dando-lhes um caráter técnico-jurídico de *hard law* e, portanto, mais "juridicamente vinculante" (de acordo com uma visão essencialmente formalista): o Pacto Internacional de Direitos Civis e Políticos (PIDCP) e o Pacto Internacional de Direitos Econômicos, Sociais e Culturais (Pidesc).

Na mesma oportunidade, encerrando a segunda etapa do processo de institucionalização dos direitos humanos, foi firmado o Primeiro Protocolo Facultativo ao PIDCP, prevendo a competência do órgão de tratado criado pelo Pacto em voga, em recepcionar petições de vítimas de violações de direitos humanos, iniciando-se, por conseguinte, a terceira etapa: a criação de mecanismos de sanção (Comparato, 2008).

A Declaração Universal de Direitos Humanos e os dois Pactos Internacionais compõem a Carta Internacional de Direitos Humanos (International Bill of Rights), inaugurando o Sistema Global de Direitos Humanos, que foi ampliado com o advento de diversos tratados internacionais celebrados sob o patrocínio das Nações Unidas (Nowak, 2003; Piovesan, 2022).

Por razões históricas, o Sistema Global de Direitos Humanos foi sendo construído em duas frentes: (1) por meio de mecanismos estabelecidos essencialmente pela antiga Comissão de Direitos Humanos, denominado sistema "extraconvencional" ou *"charter-based"*; (2) e a partir da celebração de novos tratados internacionais, criando-se órgãos específicos para fiscalizar o cumprimento normativo pelos Estados-partes, designado sistema convencional ou sistema de órgãos de tratados (*treaty-bodies*) (Piovesan, 2022; Ramos, 2019; Rodley, 2003; Stoll, 2008).

Uma das principais diferenças entre os dois sistemas, apontada por alguns autores, como Rodley (2003), Ramos (2019) e Mégrét e Alston (2020), repousa na origem do órgão criado para fiscalizar os Estados, bem como nos mecanismos de monitoramento estabelecidos. Assim, o sistema extraconvencional tem como base órgãos oriundos da Carta das Nações Unidas e seus mecanismos exsurgem de resoluções, envolvendo todos os países signatários da ONU. Já o sistema convencional funda-se na celebração de tratados internacionais sobre direitos humanos, os quais criam órgãos específicos, vinculando apenas os Estados-partes.

O Sistema *Charter-based* é composto por procedimentos especiais do Conselho de Direitos Humanos (órgão que substituiu a antiga Comissão de Direitos Humanos) e/ou demais órgãos das Nações Unidas incumbidos de favorecer o respeito aos direitos humanos, a exemplo do que dispõe o artigo 68, que determina ao Conselho Econômico e Social (ECOSOC) promover o respeito aos direitos humanos (Ramos, 2019; Estrada Tanck, 2021).

Esses procedimentos especiais são criados com base em resoluções editadas com fundamento jurídico direto da Carta da ONU e seus dispositivos relativos à promoção dos direitos humanos, vinculando todos os 193 países-membros da Organização, podendo ser: Relatores Especiais; Especialistas Independentes; Grupos de Trabalho; Revisão Periódica Universal e Procedimento de Denúncia (também chamado de procedimento 5/1, em razão do número da Resolução do Conselho de Direitos Humanos que o criou, em substituição ao procedimento 1503 da antiga Comissão de Direitos Humanos) (Naciones Unidas, 2007; Ramos, 2019; Estrada Tanck, 2021).

Consoante Nader (2007, p. 8), o Conselho de Direitos Humanos (CDH) é "o principal órgão internacional de promoção e proteção dos direitos humanos", cuja criação pela Resolução n.º 60/251 da Assembleia Geral veio a substituir a antiga Comissão de Direitos Humanos, criada no âmbito do ECOSOC, em razão de críticas quanto à falta de independência em sua atuação, uma vez que vários países[19] buscavam limitar seus métodos de trabalho e procedimentos especiais para promoção e proteção dos direitos humanos (Callejon, 2008; Nader, 2007).

Entre os procedimentos especiais do Conselho de Direitos Humanos destaca-se a Revisão Periódica Universal (RPU), que consiste em um mecanismo cooperativo de envio de relatórios por parte dos Estados, devendo ter por base a realização de um diálogo interativo entre pares

---

[19] O Conselho de Direitos Humanos é formado por 47 representantes estatais, eleitos periodicamente, devendo os Estados, ao fazerem as indicações de seus representantes, levar em consideração a contribuição do candidato na promoção e na proteção dos direitos humanos, podendo a Assembleia Geral, por maioria de 2/3, suspender os direitos de um membro do Conselho em caso de violação grave ou sistemática de direitos humanos (Piovesan, 2015; United Nations, 2006 – RES 60/251).

(*peer review*), que permite a revisão da situação dos direitos humanos nos 193 Estados-membros da ONU, garantindo universalidade e igualdade de tratamento, e devendo ser um "mecanismo complementar e não de duplicação ao trabalho dos órgãos de tratados" (United Nations, 2006; Naciones Unidas, 2007).

A seu turno, consoante Ramos (2020), Egan (2013), O'Flaherty e O'Brien (2007), o Sistema Convencional é formado por nove tratados internacionais principais e por Protocolos Adicionais ou Facultativos,[20] os quais o Brasil, em sua maioria,[21] ratificou,[22] conforme se visualiza na tabela a seguir.

---

[20] Protocolo Adicional ou Facultativo é a terminologia utilizada por parte da doutrina para se referir a um tratado internacional celebrado com base ou a partir de um tratado que lhe é anterior ou referente, a fim de complementar disposições ou mesmo alterá-las, de modo que só pode ser parte em um Protocolo o Estado que previamente ratificou o que lhe é precedente (Varella, 2018). Assim, o objetivo de formalizar um novo tratado é constituir novas obrigações internacionais, que passam a ser obrigatórias pelo princípio do *pacta sunt servanda*.

[21] Até o presente momento, o único tratado que o Brasil não ratificou foi a Convenção sobre a Proteção dos Trabalhadores Migrantes e suas Famílias. Igualmente, o Estado brasileiro ainda não manifestou adesão ao Protocolo Facultativo ao Pidesc.

[22] Ratificação e adesão são atos internacionais dos Estados que representam a manifestação da vontade em se sujeitar ao cumprimento de um determinado tratado internacional. Portanto, uma vez ratificado o tratado por um Estado, ele é obrigado a cumpri-lo sob pena de responsabilização internacional.

Tabela 1 – Tratados de direitos humanos do Sistema Convencional em ordem cronológica de sua celebração e as ratificações do Estado brasileiro

| Tratados | Protocolos adicionais | Assinatura e ratificação/adesão do Brasil |
|---|---|---|
| Convenção sobre a Eliminação de todas as Formas de Discriminação Racial (ICERD), de 07/03/1966; em vigor internacional desde 04/01/1969. | | Assinatura: 07/03/1966. Ratificação: 27/03/1968. |
| Pacto Internacional de Civis e Políticos (PIDCP), de 16/12/1966 – em vigor internacional desde 03/01/1976. | Protocolo Adicional ao Pacto Internacional sobre Direitos Civis e Políticos – 16/12/1966; em vigor internacional desde 23/03/1976. | Adesão ao PIDCP: 24/01/1992. Adesão ao Protocolo Adicional: 25/09/2009. |
| | Segundo Protocolo Adicional ao Pacto Internacional sobre Direitos Civis e Políticos, objetivando a abolição da pena de morte – 15/12/1989; em vigor internacional desde 11/07/1991. | Adesão ao Segundo Protocolo Adicional: 25/09/2009. |
| Pacto Internacional de Direitos Econômicos, Sociais e Culturais (Pidesc), de 16/12/1966 – em vigor internacional desde 03/01/1976. | Protocolo Adicional ao Pacto Internacional sobre Direitos Econômicos, Sociais e Culturais – 10/12/2008; em vigor internacional desde 05/05/2013. | Adesão ao PIdesc: 24/01/1992. Ainda não há assinatura ou adesão ao Protocolo Adicional. |

| | | |
|---|---|---|
| Convenção sobre a Eliminação de todas as formas de Discriminação contra a Mulher, de 18/12/1979 – em vigor internacional desde 03/09/1981. | Protocolo Adicional à Convenção sobre a Eliminação de todas as formas de Discriminação contra a Mulher – 06/10/1999; em vigor internacional desde 22/12/2000. | Assinatura da Convenção: 31/03/1981. Ratificação da Convenção: 01/02/1984. Assinatura do Protocolo: 13/03/2001. Ratificação do Protocolo: 28/06/2002. |
| Convenção contra a Tortura e outros Tratamentos ou Penas Cruéis, Desumanas ou Degradantes, de 10/12/1984 – em vigor internacional desde 26/06/1987. | Protocolo Adicional a Convenção contra a Tortura e outros Tratamentos ou Penas Cruéis, Desumanas ou Degradantes – 18/12/2002; em vigor internacional desde 26/06/2006. | Assinatura da Convenção: 23/09/1985. Ratificação da Convenção: 28/09/1989. Assinatura do Protocolo: 13/10/2003. Ratificação do Protocolo: 12/01/2007. |
| Convenção sobre os Direitos da Criança, de 20/11/1989 – em vigor internacional desde 02/09/1990. | Protocolo Adicional à Convenção sobre os Direitos da Criança, relativo ao envolvimento de crianças em conflitos armados – 25/05/2000; em vigor internacional desde 12/02/2002. | Assinatura da Convenção: 26/01/1990. Ratificação da Convenção: 24/09/1990. Assinatura do Protocolo: 06/09/2000. Ratificação do Protocolo: 27/01/2004. |
| | Protocolo Adicional à Convenção sobre os Direitos da Criança, relativo à venda, pornografia e prostituição infantil – 25/05/2000; em vigor internacional desde 18/01/2002. | Assinatura do Protocolo: 06/09/2000. Ratificação do Protocolo: 27/01/2004. |
| | Protocolo Adicional à Convenção sobre os Direitos da Criança, relativo ao procedimento de comunicações – 19/12/2011; em vigor internacional desde 14/04/2014. | Assinatura do Protocolo: 28/02/2012. Ratificação do Protocolo: 29/09/2017. |

| | |
|---|---|
| Convenção sobre a Proteção dos Trabalhadores Migrantes e suas Famílias, de 18/12/1990 – em vigor internacional desde 01/07/2003. | Ainda não há assinatura ou adesão. |
| Convenção sobre o Direito das Pessoas com Deficiência, de 13/12/2006 – em vigor internacional desde 03/05/2008. | Protocolo Adicional à Convenção sobre o Direito das Pessoas com Deficiência – 13/12/2006; em vigor internacional desde 03/05/2008. | Assinatura da Convenção: 30/03/2007. Ratificação da Convenção: 01/08/2008. Assinatura do Protocolo: 30/03/2007. Ratificação do Protocolo: 01/08/2008. |
| Convenção para Proteção de Todas as Pessoas contra o Desaparecimento Forçado, de 20/12/2006 – em vigor internacional desde 23/12/2010. | Assinatura: 06/02/2007. Ratificação: 29/11/2010. |

Fonte: a autora

Nota 1: tabela elaborada com base nas informações disponíveis no banco de dados das Nações Unidas sobre os status dos tratados (United Nations Treaty Collections), disponível em: https://treaties.un.org/pages/Treaties.aspx?id=4&subid=A&clang=_en.

Nota 2: na coluna "Assinatura e ratificação/adesão do Brasil" as datas estão de acordo com o banco de dados das Nações Unidas sobre os status dos tratados (United Nations Treaty Collections).

A fim de verificar o cumprimento das obrigações dos Estados-partes em prol dos direitos humanos, assumidas a partir da ratificação dos tratados principais anteriormente listados, houve a previsão de criação de órgãos específicos, denominados órgãos de tratados ou comitês de monitoramento, encarregados de distintos mecanismos de fiscalização. Muitos desses órgãos tiveram suas competências ampliadas a partir da celebração de Protocolos Adicionais (Alston; Crawford, 2003; Ramos, 2019; Shaw, 2010).

Segundo Egan (2013), Ramos (2019) e Alston e Crawford (2003), a função básica dos comitês de monitoramento é analisar relatórios estatais que abordam os avanços e as dificuldades no cumprimento das disposições dos tratados, mecanismo conhecido como Relatoria Periódica, existindo, também, outros procedimentos que variam a depender do tratado em que estão baseados, a exemplo do mecanismo de Ação Urgente e de Comunicações Individuais (ou queixas), como se verá adiante.

Ao total foram criados dez órgãos de tratados, sendo nove deles com previsão específica nos tratados principais já elencados e um criado a partir da celebração do Protocolo Adicional à Convenção contra a Tortura e outros Tratamentos ou Penas Cruéis, Desumanas ou Degradantes.

Nessa linha, de acordo com Grosbon (2020), formam o Sistema Convencional 10 órgãos de tratados, havendo o secretário-geral da ONU enfatizado,[23] em 2019, o aumento no número de ratificações dos tratados e protocolos facultativos do Sistema Convencional, bem como de declarações de Estados-partes aceitando procedimentos específicos de controle, os quais necessitavam de reconhecimento expresso em apartado – tal como o mecanismo de Comunicações Individuais, previsto no art. 14.1 da Convenção sobre a Eliminação de todas as Formas de Discriminação Racial (ICERD).

Diferentemente dos órgãos baseados na Carta das Nações Unidas, que têm atuação ampla na proteção dos direitos humanos, englobando uma gama diversificada de temas, os órgãos de tratados têm atuação específica, tanto no sentido de quais direitos estão abarcados nos tratados

---

[23] Em seu relatório "Situação do Sistema de Órgãos de Tratados dos Direitos Humanos", referente aos anos 2018-2019, o secretário-geral da ONU publicou suas considerações sobre sua análise do Sistema Convencional (United Nations, Secretary Geral. *Status of the human rights treaty body system*: report of the Secretary-General. Doc. A/74/643. 2020).

(direitos das mulheres, das crianças, direitos econômicos e sociais etc.) como em sua composição e legitimidade (Stoll, 2008; Piovesan, 2022).

Segundo Castañeda Hernandez (2012), e com base no Folheto Informativo n.º 30 publicado pelo Escritório do Alto Comissariado das Nações Unidas para os Direitos Humanos (OHCHR) em 2012, os nove tratados principais de direitos humanos do Sistema Convencional complementam-se e trazem, explícita ou implicitamente, os princípios fundamentais de: não discriminação, igualdade, proteção efetiva contra violação de direitos, proteção especial aos grupos especialmente vulneráveis e uma interpretação do ser humano como sujeito ativo e participante da vida pública do Estado em que vive, e não como objeto passivo das decisões das autoridades (United Nations, 2012).

A fim de desenvolver essa compreensão do sistema com base nos princípios ao norte elencados, destaco que, segundo Nowak (2003), o princípio da não discriminação é parte do direito à igualdade, disposto no artigo 26 do PIDCP, sendo aplicável a todos os direitos humanos indistintamente. Afinal, a rede de proteção dos direitos humanos foi estabelecida como forma de reação às práticas discriminatórias do Nacional-Socialismo, estando entre os principais objetivos da ONU combater todos os tipos de discriminação (Nowak, 2003).

Ainda segundo o autor, o princípio da não discriminação vem refletido na Convenção contra o Genocídio, de 1948, na Convenção contra Todas as Formas de Discriminação Racial, de 1965, na Convenção para a Eliminação de Todas as Formas de Discriminação contra a Mulher, de 1979, bem como expresso de forma genérica em todos os demais tratados internacionais (como no art. 2 dos Pactos Internacionais e da Convenção sobre os Direitos da Criança).

Com relação ao princípio da proteção efetiva contra violação de direitos, entende-se que ele refere-se à compreensão retirada a partir do art. 8 da DUDH e as respectivas provisões correlatas nos demais tratados de direitos humanos que, conforme Trindade (2012), é uma das provisões-chaves por dispor que qualquer pessoa tem o direito a um remédio efetivo, frente a um tribunal nacional competente, a fim de garantir que atos de violação contra um direito humano seja garantido pela lei ou pela Constituição.

Assim, segundo o art. 8 da DUDH (e suas correspondentes provisões em tratados de direitos humanos) fica estabelecido, em última análise, o acesso à justiça como elemento essencial de toda sociedade democrática, fixando o dever do Estado em providenciar um remédio efetivo (*effective remedy*) para garantir a proteção dos direitos humanos, bem como ao dever de respeitá-los (TRINDADE, 2012).

Convém destacar que, consoante Dinah Shelton (2005), a palavra *remedy* ou *remedies* contém dois conceitos distintos no âmbito do Direito Internacional dos Direitos Humanos: um substantivo e um procedimental. Na primeira acepção, representa a reparação obtida ao final de um procedimento instalado com base em uma queixa apresentada a um órgão internacional. Na segunda, *remedy* refere-se ao procedimento pelo qual vítimas de direitos humanos são ouvidas por cortes ou outros órgãos internacionais, a fim de que tomem uma decisão sobre um caso concreto.

Outrossim, na perspectiva de Trindade (1997), os tratados de direitos humanos, ao determinarem o dever dos Estados de garantir recursos efetivos a toda pessoa cujos direitos tenham sido violados, conferem uma função de suma importância aos tribunais internos, posto que têm em si confiada a proteção primária dos direitos humanos, bem como dão sustento à propalada subsidiariedade do processo legal internacional.

Nesse contexto, reputa-se conveniente mencionar que tal perspectiva de subsidiariedade ou complementariedade do processo internacional de proteção dos direitos humanos queda-se reforçada com as previsões normativas que determinam a necessidade de esgotamento dos recursos internos por parte das vítimas de direitos humanos ou seus representantes (conforme disposto no art. 2 do Primeiro Protocolo Facultativo ao Pacto Internacional sobre Direitos Civis e Políticos).

Isso porque, como bem sublinhou Trindade (1997), um dos aspectos da interação entre direito interno e Direito Internacional está justamente nos dispositivos previstos nos tratados de direitos humanos, que de um lado preveem o dever dos Estados de garantir recursos internos eficazes e, de outro, estipulam a obrigação dos indivíduos reclamantes de esgotá-los.

Quanto à análise do princípio da proteção especial aos grupos vulneráveis, enfatizo que, de acordo com Piovesan (2012), o temor à diferença compreendeu a primeira fase da proteção dos direitos humanos, com a tônica da proteção geral e abstrata (princípios da universalidade e da indivisibilidade; marca da Declaração Universal de 1948).

Porém, com o passar do tempo observou-se a "multiplicação de direitos", havendo tanto um aumento de bens merecedores de tutela como a extensão da titularidade dos direitos, ampliando o próprio conceito de "sujeito de direito" (Bobbio, 1992, p. 68-69).

Paralelamente, foi se revelando insuficiente para a efetiva proteção de determinados grupos tratar todos os indivíduos de forma genérica e abstrata, fazendo-se necessária a especificação do sujeito, surgindo, então, ao lado do direito à igualdade formal, o direito fundamental à diferença e à diversidade (mulheres, crianças, migrantes, pessoas com deficiências, afrodescendentes, entre outras categorias socialmente vulneráveis) para alcançar a igualdade material – tanto no sentido ao ideal de justiça social e distributiva (igualdade orientada pelo critério socioeconômico) como no ideal de justiça enquanto reconhecimento de identidades (igualdade orientada pelos critérios de gênero, orientação sexual, idade, raça e demais critérios) (Piovesan, 2012).

Desse modo, houve uma multiplicação de declarações e tratados internacionais abrangendo grupos específicos, particularmente vulneráveis, como a Convenção sobre a Eliminação de todas as formas de Discriminação contra a Mulher, a Convenção dos Direitos da Criança e a Convenção contra a Tortura.

Segundo Piovesan (2022), esses tratados integram o que se poderia classificar como sistema especial de proteção dos direitos humanos, que se complementa com o sistema geral, representado pelo International Bill of Rights.

Tratar o ser humano como sujeito ativo e participante da vida pública do Estado traduz o princípio democrático. Segundo Nowak (2003), direitos humanos e democracia estão estreitamente relacionados, e embora não haja no Direito Internacional uma definição vinculante para a democracia, é de compreensão geral que se trata de um tipo de governo que tem em consideração a vontade do povo no mais alto patamar possível, havendo diferentes formas práticas: como a democracia direta ou plebiscitária (em que as pessoas tomam decisões políticas diretamente) e a democracia indireta ou representativa (em que as pessoas delegam seu poder de decisão e elegem representantes).

Democracia corresponde à ideia de direitos de participação política no sentido de participar das decisões que conduzem os rumos do Estado, ou, nos termos do artigo 25 do PIDCP, dos assuntos públicos, tendo sido expressamente relacionada com os direitos humanos e com o desenvolvimento na Conferência Internacional e Programa de Ação de Viena em 1993[24] (NOWAK, 2003).

## 1.2 OS COMITÊS DE MONITORAMENTO (ÓRGÃOS DE TRATADOS) E SEUS MECANISMOS

Embora complementares em seus propósitos, cada tratado do Sistema Convencional é distinto e independente, bem como cada um prevê a criação de um órgão de monitoramento ou comitê de monitoramento (também conhecidos como comitês onusianos ou *órgãos de tratados* ou *"treaty bodies"* na literatura estrangeira[25]), compostos por especialistas independentes, os quais, como enfatiza Castañeda Hernandez (2012), não fazem parte da estrutura das Nações Unidas,[26] mas são criados por cada tratado de direitos humanos em específico, firmado entre os Estados.

Consoante Stoll (2008), o primeiro órgão de tratado a entrar em funcionamento foi o Comitê para Eliminação de Todas as Formas de Discriminação Racial (da sigla em inglês, CERD), em 1969, ano em que a Convenção sobre a Eliminação da Discriminação Racial entra em vigor internacional. Posteriormente, o Comitê de Direitos Humanos inicia seus trabalhos, em 1976, com a entrada em vigor do PIDCP. Na sequência, os Comitês para Eliminação de Todas as Formas de Discriminação contra a Mulher (CEDAW) e o Comitê contra a Tortura (CAT) começaram suas atividades no início da década 1980.

Com relação ao Pacto Internacional de Direitos Econômicos, Sociais e Culturais, o órgão de monitoramento inicialmente estabelecido foi o Conselho Econômico e Social das Nações Unidas (ECOSOC), e embora tendo o Pidesc entrado em vigor em 1976, somente em 1979 o ECOSOC organizou suas atividades para que um Grupo de Trabalho específico, composto por representantes dos Estados indicados pelo presidente do

---

[24] Reunindo 171 chefes de Estado, a Conferência Internacional e Programa de Ação de Viena foi a segunda conferência internacional sobre direitos humanos, realizada com o propósito de aprimorar e desenvolver os debates em torno da promoção e da implementação dos direitos humanos, especialmente após o fim da Guerra Fria, com o desmantelamento da cortina de ferro (Nowak, 2003).

[25] Sophie Grosbon (2020) utiliza tanto a expressão "comitês onusianos" (tradução minha) como órgãos de tratados. Igualmente, Ramos (2019) inclui os comitês dentro do gênero "órgãos onusianos" ao se referir a todos os órgãos que compõem a estrutura do sistema de proteção dos direitos humanos das Nações Unidas.

[26] Consoante Terezo (2014, p. 68), a exceção a essa regra compreende o Comitê de Direitos Econômicos, Sociais e Culturais, uma vez que ele não foi originado a partir do Pidesc, mas por meio de uma Resolução do Conselho Econômico e Social (ECOSOC).

Conselho, pudesse desenvolver a tarefa de monitoramento (Alston, 2020; Stoll, 2008).

Posteriormente, em razão de críticas no funcionamento do Grupo de Trabalho, ele foi substituído por um Grupo de Trabalho de Especialistas Governamentais, e em 28 de maio de 1985, pela Resolução n.º 1985/17 do ECOSOC, criou-se o Comitê sobre Direitos Econômicos, Sociais e Culturais (CESCR), com a tarefa de monitorar os direitos previstos no Pidesc, que realizou sua primeira reunião em 1987 (Alston, 2020; Stoll, 2008; Shaw, 2010).

O Comitê sobre os Direitos da Criança (CRC), criado pela Convenção sobre os Direitos da Criança de 1989, após a convocação dos Estados-partes para a escolha dos integrantes do Comitê no ano de 1991, adotou suas primeiras Observações Conclusivas em 1993 (O'Flaherty, 2006; Naciones Unidas, 1993).

Em 2004, foi a vez do Comitê para a Proteção de Todos os Trabalhadores Migrantes (CMW) reunir-se pela primeira vez, iniciando oficialmente os trabalhos de fiscalização relativos à Convenção sobre a Proteção de Todos os Trabalhadores Migrantes.

O Comitê sobre os Direitos das Pessoas com Deficiência (CRPD), conforme verificado pelo repositório de dados referentes às suas sessões no site da ONU,[27] teve sua primeira sessão em fevereiro de 2009, um ano após entrarem em vigor internacional a Convenção sobre os Direitos das Pessoas com Deficiência e seu Protocolo Facultativo (Naciones Unidas, 2010).

Outrossim, o Subcomitê sobre a Prevenção da Tortura (da sigla em inglês SPT) teve seus trabalhos iniciados no anuário de 2007. Esse Comitê difere dos demais em razão de ter sido criado a partir de um tratado internacional específico, derivado da Convenção Internacional contra a Tortura, Penas ou Tratamento Cruéis, Desumanos ou Degradantes (ou somente Convenção Internacional contra a Tortura), conforme listado na Tabela 1.

O Protocolo Facultativo à Convenção Internacional contra a Tortura, que criou o subcomitê (SPT), foi adotado em dezembro de 2002 pela Assembleia Geral, entrando em vigor internacional em 2006, com uma missão especializada: prevenir a tortura e os tratamentos desuma-

---

[27] Disponível em: https://tbinternet.ohchr.org/_layouts/15/TreatyBodyExternal/SessionsList.aspx?Treaty=-CRPD. Acesso em: 16 abr. 2023.

nos, operando por meio de visitas in loco nos Estados, nos locais onde se abrigam pessoas privadas da liberdade e proporcionando assistência aos Estados no estabelecimento de mecanismos de prevenção nacionais (em inglês *"national preventive mechanisms"* ou NPM) (Olivier; Narvaez, 2009).

Por fim, o Comitê contra o Desaparecimento Forçado (CED), criado pela Convenção para a Proteção de Todas as Pessoas contra o Desaparecimento Forçado de 2006, teve sua primeira sessão somente em novembro de 2011, sendo o último comitê onusiano a entrar em funcionamento. Isso porque, apesar de sua aprovação pela Resolução A/RES/61/177 da Assembleia Geral ter sido em dezembro de 2006, somente entrou em vigor internacional em 23 de dezembro de 2010, quando atingiu o número mínimo de ratificações determinado no artigo 39 da Convenção.

Nessa linha, é interessante sublinhar que, com a exceção do Comitê sobre Direitos Econômicos Sociais e Culturais (CESCR), todos os comitês registram sua primeira sessão regular um ano após a entrada em vigor do respectivo tratado, inclusive apresentando, em sua maioria, Observações Conclusivas de Relatórios estatais, conforme se extrai da base de dados do Escritório do Alto Comissariado das Nações Unidas para os Direitos Humanos (OHCHR).[28]

Especula-se que o motivo da demora para o início dos trabalhos do CESCR esteja relacionado à espécie de direitos que se objetiva proteger, haja vista que a própria elaboração do Pacto Internacional de Direitos Econômicos, Sociais e Culturais (Pidesc), apartado do Pacto sobre Direitos Civis e Políticos, ocorreu por motivos de divergências entre os Estados quanto à natureza e à justiciabilidade[29] desses direitos, conforme veremos melhor adiante.

Em síntese, operam atualmente 10 órgãos de tratados dentro do Sistema Convencional, cuja composição, modo de funcionamento e mecanismos de monitoramento assemelham-se, criando, assim, a noção de sistema, embora esse não tenha sido pensado como um em sua gênese (Egan, 2013; Grosbon, 2020; Mégrét; Alston, 2020).

---

[28] Disponível em: https://tbinternet.ohchr.org/_layouts/15/TreatyBodyExternal/SessionsList.aspx?Lang=en. Acesso em: 20 jan. 2022.

[29] Conforme ensina Terezo (2014, p. 94), emprestando-se dos ensinamentos de Michael Dennis e David Stewart (2004), o termo "justiciabilidade" pode ser compreendido como a existência de mecanismos ou procedimentos hábeis a conhecer questões que envolvam violação de direitos, ou seja, de mecanismos que possibilitem a tutela de um direito.

## 1.2.1 Composição e inter-relação entre os comitês de monitoramento (órgãos de tratados)

A partir da leitura dos tratados, observa-se que todos os comitês onusianos são compostos por especialistas independentes ou *experts*, escolhidos por meio de eleições secretas para um mandato de quatro anos, admitida uma reeleição, variando entre 10 a 25 membros por comitê.[30]

Como destacou Alves (2008), as eleições dos membros são realizadas a cada dois anos, podendo todos Estados-partes, nos respectivos tratados, indicar um nacional para participar pleito, sendo que o resultado final deve respeitar um quantitativo de *experts* de "elevada reputação moral com reconhecida competência em matéria de direitos humanos" e que represente uma distribuição geográfica equitativa, a fim de o órgão refletir as "diferentes formas de civilização" e "sistemas legais", conforme destacado no artigo 8.1 da Convenção Internacional sobre a Eliminação de Todas as Formas de Discriminação Racial e art. 31.2 do PIDCP.[31]

Consoante Stoll (2008), todos os órgãos de tratados têm em sua composição, como regra, um presidente, três vice-presidentes e um relator, além de um número variado de escritórios e estruturas, como câmaras e grupos de trabalho, recebendo apoio do Escritório do Alto Comissariado das Nações Unidas (OHCHR) para a realização de seus trabalhos, sendo financiados pelo orçamento da ONU.

Ainda que nos tratados haja previsão expressa de que os membros do comitê respectivo devem atuar com independência e imparcialidade, alguns órgãos de tratados buscam fortalecer essa regra estabelecendo em suas *Rules of Procedure* (Regras de Procedimento ou Regimento Interno) que os *experts* eleitos devem fazer uma declaração solene de que atuarão

---

[30] O CAT e o CED têm 10 membros cada um. Por sua vez, o CEDAW é formado por 23 *experts* e o SPT por 25 membros. Já o CMW tem 14 membros e os demais Comitês 18 membros: CERD; CCPR, CESCR; CRC; CRPD.

[31] Previsão semelhante no art. 17.1 da Convenção sobre a Eliminação de Todas as Formas de Discriminação contra a Mulher; art. 34.4 da Convenção Internacional sobre os Direitos das Pessoas com Deficiência, que ainda destaca a necessidade de participação de peritos com deficiência e equilibrada representação de gênero; art. 72.2 (a) da Convenção Internacional sobre o Direito de Todos os Trabalhadores Migrantes e suas Famílias, que apenas não menciona o termo "formas de civilização", em redação similar ao art. 43.2 da Convenção sobre os Direitos da Criança. O art. 17.1 da Convenção Contra a Tortura e Outros Tratamentos ou Penas Cruéis, Desumanos ou Degradantes enfatiza a necessidade de distribuição geográfica, mas não elenca a necessidade de representação dos diversos "sistema jurídicos" ou "formas de civilização", destacando a utilidade de participação de pessoas com experiências jurídicas, de maneira correlata ao que dispõe o art. 26.1 da Convenção Internacional para a Proteção de Todas as Pessoas contra o Desaparecimento Forçado, que ainda destaca a necessidade de representação equilibrada de gênero.

com consciência e imparcialidade (como o artigo 14 do Regimento do CERD), bem como proibição de participarem na elaboração dos relatórios referentes aos seus países de nacionalidade (artigo 71.4 das normas do CCPR) (Stoll, 2008).

Dentro desse contexto da necessidade de independência e de imparcialidade dos membros dos comitês de monitoramento, foram aprovadas as Diretrizes *Addis Ababa* ou *Addis Ababa Guidelines* (Assembleia Geral, Doc. A/67/22 de 2012), como resultado da reunião anual entre presidentes dos órgãos de tratados, em que se reconhece que seus membros não podem ser sujeitos a pressões ou influências de seus Estados de nacionalidade, de modo que caracteriza conflito de interesses o fato de ser nacional ou residente do país em análise. Por outro lado, conforme as mencionadas diretrizes, não será considerado conflito de interesses a religião de um membro, sua etnia, deficiência ou qualquer outra característica definida nos termos dos tratados que compõe o Sistema *Treaty-based* como base discriminatória (United Nations, 2012).

Desse modo, verifica-se que existe um comprometimento e uma preocupação dentro da ONU de que os comitês atuem de forma técnica, sem beneficiar ou prejudicar deliberadamente nenhum Estado-parte ao emitirem seus relatórios ou recomendações, seja por meio do mecanismo de Relatoria Periódica, seja em relação à apreciação de um caso concreto no mecanismo de Comunicações Individuais.

Em adição, no que se refere ao alinhamento e à quantidade de trabalho desenvolvida pelos comitês, ressaltou Castañeda Hernandez (2012) que a Assembleia Geral da ONU, em 1983, chamou o secretário-geral para convocar uma reunião de presidentes dos comitês, a fim de analisar questões comuns, proposta essa de iniciativa do Comitê de Direitos Humanos.

A primeira reunião entre presidentes dos Comitês deu-se em 1984, sendo que em 1987, a Assembleia Geral (Agnu) expressamente reconheceu que a carga de relatórios era cada vez mais pesada em razão dos novos instrumentos que iam surgindo. Na quinta reunião, em 1994, decidiu-se que a periodicidade dos encontros seria anual para harmonizar procedimentos e relatórios, conseguindo-se, com o tempo, certa padronização, como resultado da troca de experiências formais e informais entre os presidentes (Stoll, 2008; Hernández, 2012).

Como todos os nove tratados internacionais principais atribuem aos seus comitês de monitoramento a competência de fiscalizar os Estados por meio do procedimento de Relatoria Periódica, critica-se a sobrecarga procedimental dos Estados, observando Stoll (2008) que o país que se torna parte de todos os tratados do Sistema Convencional incumbiria enviar relatórios a cada 6 meses, fato que levou a discussão de uma reforma no sistema a fim de criar um órgão unificado para o recebimento de um relatório único.

Segundo O'Flaherty e O'Brien (2007), desde a publicação, em 2006, do *Concept Paper* sobre a Proposição do Alto Comissariado (OHCHR) para a unificação dos órgãos de tratados, discute-se a necessidade de a ONU redesenhar o sistema de monitoramento dos comitês, ou seja, do Sistema Convencional.

Dada à variedade de órgãos de tratados ou comitês, pode-se dizer que esse é um fator que traz complicações para um funcionamento mais eficiente do Sistema Convencional, de modo que, não raro, acontece de os Estados não enviarem seus relatórios e/ou enviarem-no de forma insatisfatória, como bem destacado por Stoll (2008), O'Flaherty e O'Brien (2007), Egan (2013) e Shikhelman (2019), já que cada comitê pode requerer formas distintas de prestação de informações, bem como variados prazos de envio.

Como ressaltam os mencionados autores, é certo que, longe de essa ser a principal ou única justificativa para o retardamento ou mesmo não envio dos relatórios e prestações de informações pelos Estados, não deixa de representar dificuldades em sua elaboração.

De outro lado, existe uma sobrecarga de atividades nos comitês de monitoramento, destacando Egan (2013) que o excesso de trabalho do Sistema Convencional foi se elevando proporcionalmente com o número de ratificações e previsão de procedimentos de Comunicações Individuais.

Em 2012, a AGNU aprovou a Resolução n.º 66/254 (A/RES/66/254), reconhecendo a singularidade e a importância da função de cada órgão de tratado na promoção e na proteção dos direitos humanos, reafirmando que o funcionamento eficaz do "Sistema de Órgãos de Tratados" é indispensável para a aplicação plena e efetiva dos instrumentos de direitos humanos. Ademais, registrou-se a necessidade de buscar o contínuo aprimoramento dos métodos de trabalho dos comitês e solicitou-se ao presidente da Assembleia Geral a criação de um Grupo de Trabalho Intergovernamental, aberto e transparente, para realizar debates sobre como fortalecer e melhorar o funcionamento do sistema (Naciones Unidas, 2012).

O mencionado Grupo de Trabalho Intergovernamental teve seus trabalhos prorrogados pelas Resoluções n.º 66/295 (2012) e n.º 68/2 (2013) da Assembleia Geral, havendo pedido na Resolução n.º 68/268 para que os comitês de monitoramento adotassem um procedimento simplificado de Relatoria e estabelecessem um limite no número de questões requisitadas aos Estados, a fim de facilitar o trabalho dos Estados e implementar um diálogo interativo acerca de suas obrigações, devendo considerar, ainda, a elaboração de diretrizes para um documento central único, encorajando os Estados a apenas acrescentar ou atualizar tais documentos na emissão dos relatórios (United Nations, 2014).

A Resolução n.º 68/268 da Assembleia Geral (Doc./A/RES/68/268) representou um marco importante para o Sistema Convencional dos direitos humanos, pois foi enfática em tratar todos os órgãos de tratados como um conjunto formador de um sistema, bem como encorajando os presidentes dos comitês a continuarem realizando reuniões anuais a fim de obterem uma melhor harmonização em seus métodos de trabalho (Nations Unies, 2020b).

Em 2019, as presidências dos 10 comitês onusianos acordaram em harmonizar seus procedimentos e métodos de trabalho para dar coerência e interação entre os Estados-partes e demais interessados (*stakeholders*),[32] de modo que todos os *treaty-bodies* com mecanismo de Relatoria Periódica agora têm, de modo inicial, uma versão simplificada de apresentação, em alguns casos dependentes de certas condições, como tempo mínimo de atraso[33] (Naciones Unidas, 2022).

Nessa linha, observa-se que a preocupação maior da Assembleia Geral no âmbito da eficiência do Sistema Convencional parte de uma visão pautada nos Estados, isto é, em maneiras de aprimorar o sistema a partir de ajustes nos procedimentos e nas regras dos comitês, equalizando métodos de trabalho para facilitar a atuação dos Estados no cumprimento de seus deveres, sobretudo na apresentação de relatórios (mecanismo de Relatoria Periódica).

Por um lado, isso facilita não só o encaminhamento dos relatórios pelos Estados, como também a fiscalização desse documento por parte

---

[32] Na citada Resolução n.º 68/268 destaca-se como *stakeholders*, além dos Estados-membros da ONU e comitês de monitoramento, as instituições nacionais de direitos humanos, as organizações não governamentais e a comunidade acadêmica.

[33] O CERD sujeita o procedimento simplificado de apresentação de relatórios desde que o atraso em sua apresentação tenha no mínimo cinco anos (NACIONES UNIDAS, 2022).

da sociedade civil que, atuando em várias frentes, pode questionar e demandar por políticas públicas e atuação mais coerente do Estado em relação aos direitos humanos.

Por outro ângulo, nota-se que não é dada ênfase em questões sobre como garantir ou aumentar a efetividade do sistema sob uma perspectiva que parta dos indivíduos (titulares dos direitos), a exemplo de melhorias relativas à facilitação de acesso ao sistema (mecanismos de peticionamento individual) ou harmonização jurisprudencial ou celeridade de resposta dos comitês às situações concretas de violações de direitos humanos.

Outrossim, é necessário ainda fazer referência às dificuldades que perpassam os próprios órgãos de tratados no desenvolvimento de suas atividades, tais como a escassez de recursos e apoios político e administrativo para a realização de seus trabalhos, fator reconhecido pela Assembleia Geral (Alston, 2020; Egan, 2013; O'Flaherty; O'BRIEN, 2007; Nations Unies, 2014, 2017, 2020).

Aliás, como alertou Grosbon (2020), a falta de recursos está entre os destaques dos pontos negativos do funcionamento do Sistema Convencional expresso no III Relatório Bienal do secretário-geral da ONU, "Situação do Sistema de Órgãos de Tratados dos Direitos Humanos" (A/74/643), referente ao balanço das atividades dos Comitês nos anos 2018-2019, análise que permanece no IV Relatório Bienal (Doc. A/77/279), publicado em 2022.

Da parte da sociedade civil observa-se que quantidade e variedade de comitês de monitoramento, bem como procedimentos com base em regras distintas, trazem dificuldades na participação e na compreensão do funcionamento do Sistema Convencional, contribuindo, inclusive, para que muitas Recomendações sejam desconhecidas ou insatisfatoriamente cumpridas pelos Estados, como destacado por O'Flaherty e O'Brien (2007).

Desde o início do funcionamento do Sistema Convencional houve bastante resistência dos Estados com relação à atuação dos comitês onusianos em razão do argumento da soberania estatal, mas desde 1990 essas preocupações foram esvaindo-se, aprimorando-se o sistema com relação à autoridade das conclusões dos comitês, bem como procedimentos de acompanhamento das Recomendações (Stoll, 2008).

No III Relatório do secretário-geral[34] elaborado em cumprimento à Resolução 68/268,[35] verificou-se que o número de ratificações, bem como de

---

[34] Relatório "Situação do Sistema de Órgãos de Tratados dos Direitos Humanos".
[35] Documento A/74/643, de janeiro de 2020.

declarações possibilitando o procedimento de Inquéritos e Comunicações Individuais aumentou 2,7% de 2017 para 2019 (Nations Unies, 2020b).

Ainda segundo o mesmo documento, em relação à apresentação dos Relatórios pelos Estados no biênio 2018-2019, até o dia 31 de outubro de 2019, apenas 38 dos 197 Estados-partes (19%) não tinham Relatórios pendentes e os 81% restante tinham cerca de 569 Relatórios atrasados: 250 iniciais e 319 periódicos (Nations Unies, 2020b).

Quanto ao procedimento de Comunicações Individuais, até a data de 31 de outubro de 2019, 591 petições haviam sido registradas nos comitês no período entre 2018-2019, um aumento de 80%, comparado com o biênio 2016-2017 (Nations Unies, 2020b; Grosbon, 2020).

No último biênio apurado (2019-2021), em decorrência da pandemia (Covid-19), o trabalho dos comitês onusianos foi significativamente afetado, com muitas reuniões suspensas ou adiadas, comprometendo os esforços para diminuir os atrasos na revisão de Relatórios periódicos pendentes de análise, bem como acumulando petições individuais a serem examinadas no procedimento de Comunicações Individuais e Ações Urgentes (United Nations, 2022). Logo, vítimas de violações de direitos humanos ficaram aguardando ainda mais tempo para verem seus direitos, já feridos pelos órgãos nacionais, garantidos ou protegidos pelos comitês.

No IV Relatório do secretário-geral,[36] verificou-se que até 31 de dezembro de 2021, o número de ratificações reconhecendo os mecanismos de Comunicações Individuais e Inquéritos era de 2.477, em comparação com 2.451 em 31 de dezembro de 2019, representando um aumento de 1% durante o período da pandemia (United Nations, 2022).

Em relação à situação do mecanismo de Relatoria Periódica, no biênio 2019-2021, apenas 28 dos 197 Estados-partes (14%) não tinham Relatórios atrasados e os 86% restantes tinham 591 informes pendentes: 226 iniciais e 365 periódicos (United Nations, 2022).

O destaque foi que entre janeiro e dezembro de 2021 foram apresentadas 399 novas comunicações individuais (queixas), a segunda maior cifra desde a aprovação da Resolução n.º 68/268 – a maior foi em 2019, quando foram registradas 640 denúncias (United Nations, 2022).

Assim, para além do atraso na análise dos Relatórios estatais, verifica-se que uma maior sobrecarga de trabalho dos comitês onusianos

---

[36] Doc. A/77/279, de agosto de 2022.

relaciona-se diretamente com o mecanismo de Comunicações Individuais. Inclusive, Jelic e Muehrel (2022) ressaltaram que de acordo com o Relatório do secretário-geral em 2020, seriam necessários mais de seis anos para zerar o acúmulo de queixas pendentes de exame, isso considerando os recursos atuais de pessoal e sem contar com o recebimento de nenhuma nova denúncia.[37]

Nesse diapasão, vê-se que com o passar dos anos os Estados passaram a aderir continuamente à maioria dos tratados e protocolos do sistema, assim como a mecanismos específicos que reconhecem os indivíduos como participantes ativos na proteção dos direitos humanos.

De um lado isso mostra a capacidade do Sistema Convencional em atrair os Estados para o comprometimento de respeito e garantia dos direitos humanos. Por outro, pressiona o sistema, que não tem sido capaz de responder a todas as demandas. Nesse ponto, torna-se necessário que os Estados-partes, além de aderirem aos mecanismos de monitoramento previstos, também operem ampliando a disponibilização de recursos financeiros para garantir o quantitativo de pessoal e recursos materiais imprescindíveis à realização das atividades dos comitês, com apoio do Escritório do Alto Comissariado das Nações Unidas (OHCHR).[38]

Conforme dispõe o banco de dados do OHCHR,[39] o Brasil não tem nenhum relatório pendente de apresentação aos comitês no mecanismo de Relatoria Periódica. Ademais, no âmbito do mecanismo de Comunicações Individuais já foram registrados cinco casos brasileiros, dois deles com exame de mérito: caso Alyne Pimental no CEDAW e caso Lula da Silva no CCPR.

### 1.2.2 Comitê sobre a Eliminação da Discriminação Racial (por sua sigla em inglês, CERD)

A Convenção sobre a Eliminação de Todas as formas de Discriminação Racial (ICERD) foi o primeiro tratado de direitos humanos a ser

---

[37] No mesmo documento indica-se que seria necessário mais de um ano para eliminar o atraso na revisão dos Relatórios estatais (Jelic; Muehrel, 2022, p. 20).

[38] Nessa linha, poderia se questionar sobre o panorama um tanto contraditório em que os Estados manifestam aderência ao Sistema Convencional de proteção dos direitos humanos, ao mesmo tempo em que não estão dispostos em melhorar a qualidade de atuação desse mesmo sistema que, afinal, pode lhes expor negativamente na seara política em caso de constatação de desobediência aos *standards* de direitos humanos.

[39] Disponível em: https://tbinternet.ohchr.org/_layouts/15/TreatyBodyExternal/countries.aspx?CountryCode=BRA&Lang=EN. Acesso em: 24 out. 2022.

adotado pelos países da ONU, sendo aprovado pela Assembleia Geral (Agnu) em 21 de dezembro de 1965, em um contexto histórico em que ainda existiam Estados com políticas oficiais de *apartheid* e colonialismo (Ramos, 2022; Keane, 2020).

O órgão de tratado criado para auxiliar e fiscalizar os Estados-partes no cumprimento das normas da Convenção foi o Comitê para Eliminação da Discriminação Racial, cuja previsão consta no artigo 8.1 da ICERD.

Em razão do momento histórico de sua criação, o CERD concentrava seus trabalhos na eliminação da discriminação racial e de preconceitos por motivo de cor; mas passados mais de 50 anos de atuação, o comitê tornou-se um ponto nevrálgico do Sistema ONU para a proteção e promoção do "direito de minorias", povos tribais e indígenas, afrodescendentes e muitos outros grupos, com base na definição ampla de "discriminação racial" que consta no artigo 1 da Convenção (KEANE, 2020, p. 237).

De acordo com o artigo 8.1 e seguintes do ICERD, o comitê é formado por 18 especialistas independentes e de alta moralidade reconhecida, eleitos por escrutínio secreto para um mandato de quatro anos, cabendo-lhes: (i) apreciar relatórios enviados pelos Estados no mecanismo de Relatoria Periódica, emitindo Observações Conclusivas; (ii) elaborar Recomendações Gerais aos Estados na interpretação e na aplicação das normas do Tratado; (iii) receber denúncias no procedimento de Comunicações Interestatais; (iv) bem como no mecanismo de Comunicações Individuais, em que vítimas ou seus representantes podem peticionar diretamente ao CERD – cujo rito procedimental será examinado no próximo capítulo (Naciones Unidas, 2011).

Ademais, há ainda um procedimento preventivo, criado pelo próprio CERD em 1993, registrado na 48ª sessão da Assembleia Geral da ONU, chamado de "Alerta Precoce e Ação Urgente" (em inglês denominado de *Early Warning and Urgent Action Procedure*), por meio do qual se busca prevenir graves violações de direitos humanos em situações de escalada de conflito e que necessitam de atenção imediata, podendo tal mecanismo ser iniciado de ofício pelo CERD como por provocação de partes interessadas, como ONGs (Naciones Unidas, 2011; Stoll, 2008).

Em relação à iniciativa por parte da sociedade civil, o CERD inicia o procedimento de "Alerta Precoce e Ação Urgente" em caso de obter informações fidedignas de infração aos dispositivos da Convenção, não havendo forma específica de envio, devendo-se atentar, contudo, para que as informações não estejam sob litígio, ou seja, sendo discutidas pelas partes frente a algum órgão com competência para se pronunciar sobre o caso, bem como devem as informações estar baseadas em fatos, devendo ser precisas e, preferencialmente, sucintas (Naciones Unidas, 2011).

Cumpre ressaltar que, com relação ao mecanismo de Comunicações Individuais, conforme estabelece o artigo 14.1 da Convenção, é necessário que o Estado-parte faça uma declaração expressa, a qualquer momento, afirmando que reconhece a competência do comitê para receber e examinar petições oriundas de indivíduos ou grupos de indivíduos que se considerem vítimas de uma violação a direitos previstos na Convenção.

Interessante ponto que difere com relação aos outros órgãos do Sistema Convencional é a previsão, no supramencionado artigo 14 da Convenção, da criação ou designação de um órgão nacional por parte dos Estados para o recebimento das comunicações individuais (queixas) que tenham, previamente, esgotado os recursos internos disponíveis.

Somente quando não há uma resposta satisfatória do órgão nacional é que o peticionário pode levar o caso ao conhecimento do Comitê para Eliminação da Discriminação Racial, respeitado o lapso temporal de sei meses (art. 14).

Ainda, nos termos do artigo 14, parágrafos 4º e 5º do ICERD:

> 4. O órgão criado ou designado de conformidade com o parágrafo 2 do presente artigo, deverá manter um registro de petições e cópias autenticada do registro serão depositadas anualmente por canais apropriados junto ao Secretário Geral das Nações Unidas, no entendimento que o conteúdo dessas cópias não será divulgado ao público.

> 5. Se não obtiver resposta satisfatória do órgão criado ou designado de conformidade com o parágrafo 2 do presente artigo, o peticionário terá o direito de levar a questão ao Comitê dentro de seis meses (Naciones Unidas, 1993, s/p).

Assim, o CERD levará ao conhecimento do Estado, a título confidencial, qualquer petição que lhe tenha sido encaminhada na forma do estabelecido pelo mecanismo de Comunicações Individuais, desencadeando o procedimento internacional.

O Congresso Nacional brasileiro aprovou a Convenção para Eliminação de Todas as Formas de Discriminação Racial por meio do Decreto Legislativo n.º 23, de 21 de junho de 1967, tendo sido depositado o instrumento brasileiro de ratificação junto ao secretário-geral das Nações Unidas, em 27 de março de 1968.

Com relação à declaração de aceite da competência do comitê para o procedimento de Comunicações Individuais, segundo a base de dados das Nações Unidas relativa à celebração de tratados, o Brasil depositou-a junto ao secretário-geral das Nações Unidas somente em 17 de junho de 2002 (United Nations, 2002).

Interessante notar que o Conselho Nacional de Combate à Discriminação (CNDC), criado pelo Decreto n.º 3.952 de 2001, que integrava a estrutura da antiga Secretaria Especial de Direitos Humanos da Presidência da República, previa em suas atribuições o acompanhamento das denúncias ao Comitê para Eliminação da Discriminação Racial, conforme o artigo 14 da Convenção do ICERD. Contudo, com a criação do Conselho Nacional de Promoção da Igualdade Racial (CNPIR) em 2003, cujas competências englobavam atuações semelhantes, o CNDC mudou seus trabalhos, assumindo outros papéis (ONU, 2011).

No contexto atual não há previsão na legislação pátria de um órgão encarregado para o recebimento e o acompanhamento de denúncias ao Comitê para Eliminação da Discriminação Racial, na forma do mencionado art. 14 do ICERD, e conforme a jurisprudência do CERD, não há registro de nenhuma comunicação individual brasileira.

### 1.2.3 Comitê de Direitos Humanos (por sua sigla em inglês, CCPR ou HRC)

O Pacto Internacional sobre Direitos Civis e Políticos (PIDCP) foi celebrado juntamente ao seu I Protocolo Facultativo, em 1966, no âmbito da Assembleia Geral da ONU, entrando em vigor internacional somente em 23 de março de 1976, após atingir as 35 ratificações exigidas em seu artigo 28 (Ramos, 2022).

O PIDCP prevê uma categoria de direitos e garantias considerados autoaplicáveis, bastando seu reconhecimento em textos normativos, sendo essa, inclusive, uma das razões pelas quais decidiu a Agnu a desmembrar o que seria a elaboração de um instrumento único prevendo direitos civis, políticos, culturais, sociais e econômicos (como prevê a Declaração Universal de 1948), em dois Pactos Internacionais distintos: o Pacto Internacional sobre Direitos Civis e Políticos, com direitos autoaplicáveis, e o Pacto Internacional sobre Direitos Econômicos, Sociais e Culturais, com direitos que demandam realização progressiva, exigindo a implementação de políticas públicas (Terezo, 2014; Piovesan, 2022).

Interessante sublinhar, como destaca Piovesan (2022), que o Pacto de 1966 contempla um rol maior de direitos civis e políticos em relação ao que prevê a Declaração Universal de Direitos Humanos de 1948, dentre os quais a proibição da realização de qualquer propaganda em favor da guerra e incitamento à discriminação e à intolerância racial ou religiosa (art. 20), cuja aplicação está diretamente relacionada ao exercício do direito de liberdade de expressão.

O Comitê de Direitos Humanos, órgão de monitoramento criado para fiscalizar os Estados, entrou efetivamente em funcionamento em setembro de 1976, sendo formado por 18 peritos independentes, ou seja, não representam o Estado que lhes confere nacionalidade, exercendo seus mandatos a título pessoal. Os *experts* são eleitos para um período de quatro anos, por votação secreta, participando de sua eleição todos os Estados signatários do Pacto, que devem observar a equidade da representação geográfica nas eleições.

A missão do comitê consiste, basicamente, em fiscalizar o cumprimento pelos Estados-partes do que foi convencionado, devendo manifestar-se por maioria dos votos (PIDCP, art. 39). Essa fiscalização dá-se, sobretudo, por meio de relatórios estatais sobre as medidas adotadas para tornar efetivos os direitos reconhecidos no tratado (mecanismo de Relatoria Periódica), havendo, ainda, a previsão no art. 41 do Pacto da possibilidade de os Estados reconhecerem, a qualquer tempo, a competência do CCPR para receber denúncia de um Estado contra outro (as chamadas *inter-state communications* ou comunicações interestatais) (Ramos, 2022).

Conforme o artigo 40 do PIDCP, ao comitê compete emitir "Comentários ou Observações Gerais" que, segundo Shaw (2010), em 1980, após alguns debates entre os Estados, passou a emitir seus pareceres com a finalidade última de promover a colaboração entre os signatários na implementação das normas vinculadas no Pacto, bem como resumir as experiências do comitê decorrentes da análise dos relatórios estatais.

Pelo I Protocolo Facultativo de 1966, o CCPR também tem a atribuição de analisar petições individuais de vítimas de violações de direitos humanos, mecanismo chamado de Comunicações Individuais (ou Queixas). Ao final do procedimento, o Comitê manifesta-se com um parecer denominado *Views* ou *Final Views* ("Opinião Final"), determinando se ocorreu ou não violação a um direito garantido pelo Pacto, requerendo providências compensatórias e reparações no caso de ofensa (Shikelman, 2019).

Conforme destacado na Tabela 1, o Brasil manifestou adesão ao PIDCP em 24/01/1992, aderindo aos dois Protocolos Facultativos atinentes ao procedimento de Comunicações Individuais e com relação à abolição da pena de morte em 25/09/2009. Apesar de ter ocorrido a promulgação interna de ambos os protocolos somente em 09 de novembro de 2023, pelo Decreto n.º 11.777, ambos já poderiam ser acionados internacionalmente, como de fato ocorreu com a queixa apresentada pelo atual presidente Lula em 2016 (caso Lula da Silva *vs.* Brasil).

### 1.2.4 Comitê de Direitos Econômicos, Sociais e Culturais (por sua sigla em inglês, CESCR)

O Pacto Internacional sobre Direitos Econômicos, Sociais e Culturais foi celebrado em conjunto com o Pacto Internacional sobre Direitos Civis e Políticos no ano de 1966. Ambos originaram diretamente do compromisso de elaborar um instrumento juridicamente vinculante aos Estados, em decorrência da Declaração Universal de Direitos Humanos, como alhures mencionado.

De início não foi criado um comitê de monitoramento para fiscalizar o cumprimento pelos Estados-partes das disposições do Pidesc, tendo sido atribuída essa missão ao Conselho Econômico e Social das Nações Unidas (ECOSOC), na forma do art. 16 e seguintes da Convenção. Afinal, esse Conselho tinha certa prática e *expertise* na temática, uma vez que entre as suas competências está a realização de estudos sobre situações de caracteres econômico, social, cultural, educacional etc., assim como de emitir recomendações aos Estados-membros sobre tais assuntos, na forma do artigo 62 da Carta da ONU (Alston, 2020).

Com o depósito do 35º instrumento de ratificação, o Pidesc entrou em vigor internacional em 1976, mas somente em 1979 o ECOSOC iniciou seus trabalhos para avaliar o cumprimento (*compliance*) pelos Estados-partes das obrigações estipuladas no tratado (Alston, 2020; Ramos, 2022).

O trabalho de monitoramento era realizado por um Grupo de Trabalho formado por representantes governamentais indicados pelo presidente do ECOSOC, tendo sido substituído posteriormente por um Grupo de Trabalho de Especialistas governamentais, o qual, por sua vez, foi também substituído, dessa vez pelo Comitê de Direitos Econômicos, Sociais e Culturais, criado em 1985 pela Resolução n.º 1.985/17 do ECOSOC (Alston, 2020).

Segundo Alston (2020), as sucessivas mudanças até a criação do CESCR ocorreram em razão de críticas acerca da politização e da superficialidade na análise dos relatórios estatais encaminhados aos Grupos de Trabalhos criados.

O Comitê de Direitos Econômicos, Sociais e Culturais é formado por 18 *experts* com reconhecida competência no campo dos direitos humanos, indicados pelos Estados-partes e eleitos por escrutínio secreto pelo ECOSOC para um mandato de quatro anos, cabendo reeleição acaso sejam novamente indicados, devendo-se observar que metade dos membros deve ser renovada a cada dois anos (Alston, 2020; United Nations, 1985).

De acordo com Alston (2020), o CESCR foi pioneiro em inovações procedimentais, sendo seguido pelos demais órgãos de tratados, tendo sido o primeiro comitê de monitoramento a adotar a sistemática de Observações Conclusivas ao final do mecanismo de Relatoria Periódica, a organizar sessões de discussões gerais e a reconhecer formalmente a possibilidade de organizações da sociedade civil enviarem documentos e relatórios paralelos.

Além da atribuição de fiscalização pelo CESCR por meio do mecanismo de Relatoria Periódica e do procedimento de emissão de Comentários Gerais (os quais permitem o aclaramento e o alcance de muitos direitos econômicos e sociais, tidos como a "Cinderela" dos direitos humanos, conforme destacado por Alston), o Comitê tem, a partir do Protocolo Facultativo ao Pidesc, a possibilidade de receber petições individuais e realizar o procedimento de Inquérito.

### 1.2.5 Comitê para Eliminação de Todas as Formas de Discriminação contra a Mulher (por sua sigla em inglês, CEDAW)

A Convenção sobre a Eliminação de Todas as Formas de Discriminação contra a Mulher foi adotada pela Agnu em 1979, entrando em vigor internacional em 1981, após a 20ª ratificação. A Convenção foi resultado de mais de 30 anos de trabalho da Comissão das Nações Unidas sobre o Status da Mulher, órgão criado em 1946 e que promoveu esforços na promoção da igualdade de direitos entre homens e mulheres, impulsionando a celebração de várias declarações internacionais; sendo sobretudo importante, em adição, o papel do movimento feminista após a Primeira Conferência Mundial sobre a Mulher de 1975 (Piovesan, 2012).

A Convenção é um dos tratados internacionais de direitos humanos com maior adesão por parte dos Estados, tendo sido ratificada por quase a totalidade das nações soberanas, ao mesmo tempo em que foi o que mais obteve reservas desde sua origem (Piovesan, 2012; Vijeyarasa, 2020).

De acordo com o artigo 17.1 da Convenção, o Comitê para Eliminação de Todas as Formas de Discriminação contra a Mulher (CEDAW) terá uma composição inicial de 18 membros, aumentando-se o número para 23 experts a partir da ratificação ou da adesão do 35º país – quantidade já alcançada conforme a base de dados da ONU.[40]

Vijeyarasa (2020) fez uma interessante observação, destacando que o CEDAW tem "três dentes" ou bases procedimentais que são centrais em sua atribuição de fiscalização dos Estados: (1) o mecanismo de Relatoria Periódica, com o envio de relatórios estatais sobre as medidas adotadas, visando ao cumprimento dos deveres impostos pelo tratado; (2) a emissão de Recomendações Gerais, que buscam orientar os Estados acerca da melhor interpretação dos dispositivos da Convenção, bem como sobre temáticas particulares, como a violência contra a mulher (objeto das recomendações n.º 12, n.º 19 e n.º 35), permitindo a produção progressiva de jurisprudência, adicionando mais relevância à atuação do comitê; (3) e os mecanismos de Comunicações Individuais e Inquérito, previstos no I Protocolo Facultativo, sendo que pelo primeiro, o CEDAW recebe petições de indivíduos ou seus representantes, que aleguem serem vítimas de violações de direitos humanos, e pelo segundo o Comitê atua em caso de violações graves ou sistemáticas.

Na verdade, essa classificação de Vijeyarasa (2020) poderia ser extensível para os demais comitês de monitoramento, à exceção do SPT, uma vez que têm semelhantes mecanismos de Relatoria Periódica, Recomendações Gerais, Comunicações Individuais e, alguns, o procedimento de Inquérito, como analisaremos comparativamente a seguir.[41]

De acordo com Ramos (2020), o Brasil ratificou a Convenção em 1984, inicialmente com reservas, tendo sido elas retiradas em 1994. Em 2002, pelo Decreto n.º 4.377, a Convenção sobre a Eliminação de Todas as Formas de Discriminação contra a Mulher foi promulgada internamente.

---

[40] Disponível em: https://treaties.un.org/pages/Treaties.aspx?id=4&subid=A&clang=_en. Acesso em: 23 mar. 2023.

[41] Ver Tabela 2.

Com relação ao Protocolo Facultativo à Convenção adotado pela Assembleia Geral em 1999, que prevê os mecanismos de Comunicações Individuais e de Inquérito, o Brasil manifestou adesão em 2001, tendo sido promulgado internamente pelo Decreto n.º 4.316 de 2002.

### 1.2.6 Comitê contra a Tortura (por sua sigla em inglês, CAT)

Com composição reduzida em relação aos demais órgãos de tratados, o Comitê contra a Tortura (CAT) é formado por 10 especialistas independentes, que exercem seus mandatos a título pessoal por um período de quatro anos, podendo ser reeleitos. Esse Comitê foi criado a partir do artigo 17 da Convenção Internacional contra a Tortura e Tratamentos ou Penas Desumanas, Cruéis ou Degradantes (Convenção contra a Tortura ou ICAT), adotada pela Assembleia Geral da ONU em 10 dezembro de 1984, por meio da Resolução n.º 39/46.

Conforme expresso a partir do artigo 19 e seguintes da Convenção contra a Tortura, entre os procedimentos de fiscalização dos Estados-partes e promoção e proteção dos direitos humanos de competência do CAT estão: (1) relatoria periódica; (2) comunicações interestatais; (3) comunicações individuais e (4) procedimento de investigação ou "inquérito".

É necessário registrar que os Estados-partes devem fazer declaração expressa aceitando a competência do comitê para examinar comunicações individuais e interestatais (na forma dos artigos 21 e 22 do ICAT), assim como em relação ao procedimento de Inquérito, caso não reconheçam essa atribuição, necessitando, assim, declarar ostensivamente no momento da ratificação ou da adesão à Convenção (artigo 28 do ICAT).

O Brasil depositou o instrumento de ratificação da Convenção junto ao secretário-geral da ONU em 28 de setembro de 1989 e reconheceu expressamente a competência do CAT para receber comunicações individuais (queixas) em 26 de junho de 2006,[42] não havendo nenhuma manifestação negando a competência do CAT para realizar o procedimento de inquérito.

---

[42] Conforme constante na base de dados das Nações Unidas sobre os *status* dos tratados internacionais. Disponível em: https://treaties.un.org/pages/ViewDetails.aspx?src=TREATY&mtdsg_no=IV-9-&chapter-4&clang=_en#EndDec Acesso em: 20 out. 2022.

Consoante Tobias Kelly (2009), o trabalho do CAT representa um papel de extrema importância na definição do que é considerado tortura e tratamentos cruéis e na fiscalização dos Estados-partes na Convenção, devendo-se ter em consideração que a proibição da tortura é objeto de inúmeros tratados internacionais e que o trabalho de fiscalização do Comitê perpassa não somente pela verificação do cumprimento das normas da Convenção, mas também pela promoção dos direitos humanos.

Interessante destacar que, para a Convenção, conforme disposto em seu art. 1, o crime de tortura deve ter como agente (sujeito ativo do crime) algum funcionário estatal, seja por envolvimento direto ou indireto quanto ao delito, circunstância essa que não é necessária nos termos da legislação brasileira.[43]

### 1.2.7 Subcomitê para a Prevenção da Tortura (por sua sigla em inglês, SPT)

O Protocolo Facultativo à Convenção Internacional contra a Tortura e Tratamentos ou Penas Desumanas, Cruéis ou Degradantes (também por sua sigla em inglês, OPCAT) foi adotado em 18 dezembro de 2002, pela Resolução n.º 57/199 da Assembleia Geral das Nações Unidas (A/RES/57/199), entrando em vigor internacional em 22 de junho de 2006.

O Subcomitê sobre a Prevenção da Tortura (SPT) foi criado pelo OPCAT com o mister de prevenir a tortura e tratamentos desumanos ou degradantes em locais em que pessoas se achem privadas de sua liberdade, operando por meio de visitas in loco nos Estados e proporcionando assistência no estabelecimento de mecanismos de prevenção nacionais (*national preventive mechanisms* ou NPM).

A ideia de realizar visitas regulares em locais de detenção, baseada na racionalidade de que a tortura ocorre "atrás de portas fechadas",[44] veio com Jean-Jacques Gautier e a Cruz Vermelha (Olivier; Narvaez, 2009).

Segundo previsão do art. 5 do Protocolo Facultativo à Convenção Internacional contra a Tortura, o Subcomitê sobre a Prevenção da Tortura seria formado inicialmente por 10 especialistas independentes, elevando-se para 25 experts a partir da 50º ratificação ou adesão – composição que, conforme Ramos (2020), ocorreu em 2011.

---

[43] De acordo com a Lei n.º 9.455 de 1997, a circunstância de ser o agente público (funcionário estatal) é causa de aumento de pena, na forma de seu art. 1º, parágrafo 4º, inciso I.

[44] No original: *behind closed doors* (tradução minha).

Os membros do SPT, além do requisito de equidade de representação geográfica, como os demais órgãos de tratados, têm a particularidade de dar preferências a profissionais experientes na área criminal, prisões e administrações de polícia ou temas relacionados. Outrossim, o artigo. 5.4 do Protocolo Facultativo faz expressa menção da necessidade de equidade na representação de gênero na composição dos membros do Subcomitê.

De acordo com o art. 10 do Protocolo, o SPT deve realizar ao menos uma vez por ano sessões em conjunto com o Comitê contra a Tortura e encaminhar um relatório anual sobre suas atividades ao CAT, conforme estabelece o art. 16 do OPCAT.

Entre as atribuições do Subcomitê está a realização de visitas regulares aos Estados, por pelo menos dois de seus membros, devendo os Estados-partes franquear-lhes acesso irrestrito a todos os centros de detenção, bem como informações relativas ao tratamento e quantidade de pessoas privadas de sua liberdade. Outrossim, cabe ao Subcomitê aconselhar e assistir tecnicamente os órgãos que fazem parte dos mecanismos preventivos nacionais, mantendo com eles contato direto (Ramos, 2022).

O Protocolo Facultativo à Convenção Internacional contra a Tortura faz parte de uma nova geração de tratados internacionais de direitos humanos, prevendo um sistema de órgãos preventivos internacionais e nacionais de prevenção à tortura em uma relação simbiótica, permitindo acesso irrestrito a documentos, informações e lugares onde as pessoas se encontrem privadas de sua liberdade (Olivier; Narvaez, 2009).

Nesse sentido, pode-se dizer que os mecanismos preventivos nacionais nos remetem à terceira fase do processo de internacionalização e de institucionalização, conforme mencionado por Comparato (2008), bem como revelam a ideia trazida por Nowak (2003) no sentido de que após o atingimento de mecanismos de promoção e proteção, chegar-se-ia a procedimentos internacionais de prevenção a violações de direitos humanos (*promotion, protection and prevention*).[45]

### 1.2.8 Comitê sobre os Direitos da Criança (CRC)

A Convenção sobre os Direitos da Criança foi celebrada em 20 de novembro de 1989, tendo sido adotada pela Resolução n.º 44/25 da Assembleia Geral das Nações Unidas, graças ao intenso trabalho da antiga

---

[45] Conforme mencionado na nota de rodapé 18.

Comissão de Direitos Humanos, de Organizações Não Governamentais (ONG) e da Agência das Nações Unidas para a Criança (Unicef) (Nowak, 2003). A Convenção entrou em vigor em 02 de setembro de 1990, conforme disposto em seu artigo 49, no trigésimo dia após o vigésimo instrumento de ratificação (Ramos, 2022).

Tal como a celebração da Convenção para Eliminação de Todas as Formas de Discriminação contra a Mulher, a Convenção sobre os Direitos da Criança decorre da constatação da necessidade de identificação e especificação do sujeito, a fim de se obter uma resposta diferenciada a violações de direitos de determinados grupos de indivíduos, que se encontram em situações de particular vulnerabilidade no contexto social (Piovesan, 2012).

Cumpre esclarecer que o artigo 1 da Convenção sobre os Direitos da Criança não faz a diferenciação que o Direito brasileiro traz entre crianças e adolescentes,[46] sendo consideradas crianças para os termos da Convenção toda pessoa menor de 18 anos de idade, a não ser que a maioridade no país seja atingida anteriormente.

Consoante destacado por Nowak (2003) e constatado na base de dados das Nações Unidas sobre os *status* dos tratados,[47] a Convenção sobre os Direitos da Criança é o tratado com o maior número de ratificações, envolvendo tanto Estados-membros da ONU como não membros (Estado da Palestina, *Cook Islands* e *Holy See*): ao total, 196 partes (entre os Estados-membros somente os Estados Unidos assinaram, porém não ratificaram a Convenção).

De acordo com o art. 43 da Convenção (em seu texto original em inglês), o Comitê sobre os Direitos da Criança (CRC) deverá ser composto por 10 especialistas independentes (exercendo suas funções a título pessoal), eleitos para um mandato de quatro anos, devendo-se observar o critério de equidade de distribuição geográfica em sua formação, sendo admitida uma reeleição.

Contudo, em 7 de novembro de 1995, por proposta do Estado da Costa Rica, foi aprovado um tratado de emenda à Convenção, ampliando o número de especialistas independentes do CRC para 18 membros (Nowak,

---

[46] De acordo com o art. 2º do Estatuto da Criança e do Adolescente (ECA), Lei n.º 8.069/1990, criança é a pessoa até a idade de 12 anos incompletos, e adolescente aquela entre 12 e 18 anos.

[47] *Status* do Tratado disponível em: https://treaties.un.org/pages/ViewDetails.aspx?src=TREATY&mtdsg_no=I-V11&chapter=4&clang=_en#EndDec. Acesso em: 30 nov. 2022.

2003). Na justificativa, a Costa Rica celebrou o fato de que a Convenção era o tratado com o maior número de ratificações (181 Estados-partes à época), o que, contudo, havia sobrecarregado o trabalho do comitê, de modo que o aumento no quantitativo de *experts* visava auxiliar as atividades desenvolvidas e sua eficiência[48] (United Nations, 1995).

Afinal, recorda-se que o CRC foi criado a fim de fiscalizar o cumprimento pelos Estados-partes do disposto na Convenção sobre os Direitos da Criança, basicamente pelo mecanismo de Relatoria Periódica. Todavia o Comitê teve suas atribuições aumentadas após a celebração de três Protocolos Facultativos: Protocolo Facultativo relativo ao envolvimento de crianças em conflitos armados, Protocolo Facultativo relativo à venda de crianças, à prostituição infantil e à pornografia infantil e Protocolo Facultativo relativo aos procedimentos de Comunicação (ou III Protocolo Facultativo), todos ratificados pelo Brasil, conforme destacado na Tabela 1.

Os dois primeiros Protocolos Adicionais à Convenção sobre os Direitos da Criança, celebrados em 25 de maio de 2000, atribuíram ao CRC a competência de fiscalizar o cumprimento de suas normativas também por intermédio do mecanismo de Relatoria Periódica.

Por sua vez, o III Protocolo Facultativo, relativo aos procedimentos de Comunicações, adotado em 19 de dezembro de 2011, possibilitou o CRC a receber Comunicações Individuais de vítimas de direitos humanos oriundas tanto da Convenção sobre os Direitos da Criança como de seus Protocolos Facultativos adotados em 2000, inclusive com a previsão da adoção de medidas cautelares.

O III Protocolo Facultativo também franqueou ao CRC os mecanismos de Comunicações Interestatais e o procedimento de Inquérito ou Investigações, relativo à Convenção sobre os Direitos da Criança e seus Protocolos Facultativos.

Dessa forma e levando em consideração que a Convenção é o tratado com maior número de ratificações como já mencionado, o CRC é órgão de tratado com a maior quantidade de trabalhos no exame de relatório estatais, como aponta o Relatório do secretário-geral, "A Situação do Sistema de Órgãos de Tratados dos Direitos Humanos": em média foram analisados 4,6 relatórios estatais por semana, em 2018-2019, enquanto a média dos demais comitês é de 2,6 (Nations Unies, 2020b).

---

[48] Mais informações disponíveis em: https://treaties.un.org/doc/source/docs/CRC_SP_1995_L.1_Rev.1-E.pdf.

Em síntese, o CRC é responsável pela fiscalização de três tratados internacionais relativos à proteção das crianças por intermédio dos mecanismos de Relatoria Periódica, Comunicações Individuais, Inquérito e Comunicações Interestatais, além da atribuição de emissão de Comentários Gerais.

Destaca-se que o Brasil é signatário de todos os tratados, tendo ratificado o Protocolo Facultativo relativo ao procedimento de Comunicações somente em 29 de setembro de 2017, conforme consta na base da dados da ONU. Todavia internamente o III Protocolo Facultativo ainda está pendente de promulgação pelo Poder Executivo, por meio de decreto, havendo sido aprovado pelo Poder Legislativo pelo Decreto Legislativo n.º 85, de 2017.

Como já destacado em relação ao Protocolo Facultativo ao PIDCP, na seara no Direito Internacional, ainda que não tenha ocorrido a promulgação interna, não há qualquer impedimento para o acionamento do CRC por intermédio do mecanismo de Comunicações Individuais no nível internacional, já que disposições de Direito interno não são oponíveis ao cumprimento das normas de um tratado internacional ratificado, como estabelece o art. 27 da Convenção de Viena sobre o Direito dos Tratados (CVDT), ratificada pelo Brasil em 25 de setembro de 2009.

Aliás, o Brasil foi acionado pelo CRC no caso Chiara Sacchi, Greta Thunberg e outros, como está destacado no último capítulo desta obra.

### 1.2.9 Comitê para a Proteção de Todos os Trabalhadores Migrantes (CMW)

A Convenção Internacional sobre a Proteção de Todos os Trabalhadores Migrantes e suas Famílias (em inglês, ICMW) é o único dos nove tratados internacionais principais de direitos humanos celebrados sob os auspícios da ONU que não foi ratificado pelo Brasil.

Celebrada em 18 de dezembro de 1990, a ICMW foi adotada pela Resolução n.º 45/158 da Agnu, entrando em vigor internacional somente em 1º de julho de 2003, segundo o artigo 87.1 da Convenção – que dispõe ser necessário passarem três meses após o depósito do 20º instrumento de ratificação ou adesão para ter obrigatoriedade.

A primeira vez que a ONU manifestou atenção à situação dos trabalhadores migrantes foi em 1972, quando o ECOSOC, mediante a Resolução n.º 1.706 (LIII), demonstrou preocupação com a verificação da existência de transportes ilegais de trabalhadores de origem africana para alguns países europeus, bem como sua exploração por meio de trabalho em condições análogas a de escravos (United Nations, 2005).

A Convenção visa proteger os trabalhadores migrantes e suas famílias, independentemente de sua condição migratória específica (regular, não documentados etc.), estabelecendo a criação de um órgão composto por especialistas independentes para realizar promoção dos direitos dos migrantes e a fiscalização dos Estados-partes em cumprimento às normativas do tratado.

O Comitê para a Proteção dos Trabalhadores Migrantes (CMW), previsto no art. 72 da Convenção, estabelece que sua composição inicial seria de 10 especialistas independentes, passando a 14 depois de atingir a 41ª (quadragésima primeira) ratificação, fato ocorrido em 18 de março de 2009, com a ratificação de Níger à Convenção. Atualmente, a ICMW tem 58 Estados-partes.

Consoante o art. 72 da Convenção, os membros do CMW seriam eleitos a título pessoal, por escrutínio secreto, para um mandato de quatro anos, sendo que sua primeira sessão ocorreu em março de 2004. Entre os procedimentos especiais a cargo do CMW estão: Comunicações Interestatais, Comunicações Individuais, Relatoria Periódica e emissão de Comentários Gerais.

Destaco, todavia, que para o CMW iniciar seus trabalhos na análise de Comunicações Individuais de vítimas de direitos humanos é necessário que ao menos 10 países reconheçam essa competência, de acordo com o artigo 77.8 da ICMW, fato que ainda não ocorreu.[49]

### 1.2.10 Comitê sobre os Direitos das Pessoas com Deficiência (CRPD)

A Convenção Internacional sobre os Direitos das Pessoas com Deficiência foi adotada pela Resolução n.º 61/106 da Assembleia Geral das Nações Unidas (A/RES/61/106), juntamente ao seu Protocolo Facultativo, entrando em vigor internacional em 03 de maio de 2008, inserindo-se, sob a análise da construção dos direitos humanos das pessoas com defi-

---

[49] Segundo a base de dados da ONU sobre os *status* dos tratados, somente Equador, El Salvador, Guatemala, México e Uruguai reconhecerem essa competência.

ciência, na quarta fase, em que emergem os direitos à inclusão social e à ênfase na relação da pessoa com deficiência e seu entorno (Piovesan, 2022).

Assim, a Convenção faz uso, consoante seus próprios termos, do "modelo social" para definir pessoa com deficiência, que diferente do enfoque médico utilizado em documentos internacionais anteriores, considera a deficiência como uma consequência da interação do indivíduo com seu entorno, de modo que o foco está na prática social e suas barreiras (ambientais e "atitudinais"), que impossibilitam ou dificultam a fruição plena dos direitos da pessoa com deficiência, em igualdade de condições com as demais (Brasil, 2009; Ramos, 2022, p. 279).

A Convenção prevê em seu art. 34 a criação de um órgão composto inicialmente por 12 especialistas independentes, elevando-se para o 18 quando alcançar 60 ratificações ou adesões. Da mesma forma que os demais comitês onusianos previstos dentro do Sistema Convencional já vistos, os 18 experts devem exercer seu mandato a título pessoal, eleitos por escrutínio secreto para um mandato de quatro anos.

Uma particularidade no mandato de composição dos membros do CRPD, segundo o art. 34, está no dever de consultar e franquear participação ativa às pessoas com deficiência, inclusive crianças, por intermédio de organizações representativas; além da necessidade de representação equilibrada de gênero e de peritos com deficiência.

Consoante a Convenção e seu Protocolo Facultativo, os mecanismos de fiscalização a cargo do CRPD são: Relatoria Periódica, Recomendações Gerais, Comunicações Individuais e procedimento de Investigação ou "Inquérito".

De acordo com Ramos (2020) e o Folheto Informativo n.º 30 publicado pelo OHCHR – "Sistema de Tratados de Direitos Humanos das Nações Unidas"[50] –, na Relatoria Periódica existem jornadas de debates, abertas ao público, em que se examinam questões de interesses gerais relativas às matérias da Convenção. Por sua vez, no procedimento de Recomendações Gerais, o CRPD emite considerações com "força de lei" acerca de dispositivos específicos da Convenção, definindo sua interpretação e alcance, bem como questões sobre a aplicação da Convenção (Naciones Unidas, 2012).

O procedimento de Comunicações Individuais foi previsto no art. 1 do Protocolo Facultativo, habilitando o CRPD a receber queixas de indi-

---

[50] Em seu título em espanhol: *El sistema de tratados de derechos humanos de las Naciones Unidas*.

víduos ou grupo de indivíduos sob a jurisdição de um Estado-parte que aleguem serem vítimas de violações de direitos contidos na Convenção.

Por sua vez, o procedimento de Investigação ou "Inquérito" foi previsto no art. 6 do Protocolo Facultativo, autorizando o CRPD a realizar investigações in loco nos Estados-partes caso receba informações fidedignas que revelem uma violação grave ou sistemática dos direitos previstos na Convenção.

O Brasil ratificou a Convenção Internacional sobre os Direitos das Pessoas com Deficiência e seu Protocolo Facultativo em 1º de agosto de 2008, tendo sido ambos os documentos jurídicos incorporados à legislação brasileira (Decreto n.º 6.949, de 2009) pelo rito constante no art. 5º, §3º da Constituição Federal, o que lhes confere status de Emenda Constitucional (Ramos, 2022).

Levando em consideração que a Convenção e seu Protocolo Facultativo estão entre os últimos tratados do Sistema Convencional que o Brasil manifestou adesão, é curioso verificar que já existem dois casos brasileiros registrados no mecanismo de Comunicações Individuais: caso F.O.F *vs.* Brasil e caso S.C. *vs.* Brasil. Assim, não seria descabido presumir que o status do tratado na ordem brasileira possa ter influenciado as supostas vítimas no acionamento do sistema.

### 1.2.11 Comitê contra o Desaparecimento Forçado (por sua sigla em inglês, CED)

Celebrada em dezembro de 2006, a Convenção Internacional para a Proteção de Todas as Pessoas contra o Desaparecimento Forçado (ou Convenção Internacional contra o Desaparecimento Forçado) também previu a criação de um comitê formado por especialistas independentes para fiscalizar a implementação das normativas pelos Estados-partes.

De acordo como artigo 26 da Convenção Internacional contra o Desaparecimento Forçado, o Comitê contra o Desaparecimento Forçado (CED) a ser criado deve ser composto por 10 experts reconhecidos por elevada competência no campo dos direitos humanos, eleitos para um mandato de quatro anos, sendo admitida a reeleição, devendo ser observados os critérios de distribuição geográfica equitativa e equilibrada à representação de gênero.

Ainda segundo o mencionado dispositivo, o CED deverá estabelecer seu próprio Regimento Interno, cabendo à Secretaria Geral das Nações Unidas fornecer todos os meios necessários, as instalações e o pessoal para que o comitê desempenhe suas funções.

É relevante mencionar, outrossim, que o artigo 28.1 da Convenção realça a necessidade de diálogo do CED com o CCPR, bem como com os demais comitês, a fim de buscar consistência em suas respectivas observações e recomendações. Tal dispositivo é inédito, uma vez que não há nos demais tratados menção específica ao dever de consulta a outro órgão de tratado para promover a efetiva implementação e consistência nas diretrizes emanadas pelo CED.

De acordo com Frouville (2020), esse artigo remonta debates na criação do próprio órgão, haja vista que se questionava a necessidade de um novo comitê para tratar a problemática do desaparecimento forçado, uma vez que entre outras observações, ele pode ser analisado como um complexo de violações de vários direitos, como o direito de não ser torturado e de não ser arbitrariamente detido, além do direito ao reconhecimento como pessoa perante a lei, o que abrange as competências do CCPR e CAT.

Os procedimentos a cargo do CED compreendem, segundo o disposto na Convenção e conforme a classificação de Sunga (2012): a) procedimento de Visita (art. 33); b) procedimento de "Referência" ou "Chamados Urgentes"[51] do art. 34, referente a informações de violações sistemáticas e generalizadas; c) ao mecanismo de Relatoria Periódica (art. 29); d) Comunicações Individuais (art. 31); e) Comunicações Interestatais (art. 32); f) procedimento de urgência, denominado de "Ação Urgente" (art. 30).

Os dois primeiros mecanismos têm alguma semelhança com a sistemática contida no mecanismo de Inquérito (ou Investigações) existentes no CESCR, no CEDAW, no CRC, no CAT e no CRPD, por requerem o recebimento por parte do CED de informações bem fundamentadas e relevantes, contendo denúncias de violações, com a possibilidade de visitas ao Estado denunciado para apuração dos fatos e tomada das medidas cabíveis.

---

[51] No Folheto Informativo n.º 30 produzido pelo Escritório do Alto Comissariado das Nações Unidas para os Direitos Humanos (OHRC), a designação encontrada para o procedimento do art. 34 da Convenção é *urgent calls* ou "chamados urgentes" (tradução minha).

Nesse sentido, inclusive, o Folheto Informativo n.º 30 produzido pelo OHCHR denomina o mecanismo do art. 33 da Convenção Internacional contra o Desaparecimento Forçado como procedimento de "Inquérito", em conjunto com a previsão dos demais órgãos de tratado que têm igual competência de aferir violações sistemáticas de direitos humanos, ainda que no tratado a previsão expressa seja "visita" (Naciones Unidas, 2012).

No que tange aos procedimentos de Comunicações Individuais e Comunicações Interestatais, segundo os artigos 31 e 32 da Convenção, é necessário que o Estado-parte, no momento de ratificá-la ou mesmo posteriormente, declare que reconhece a competência do CED para receber e analisar comunicações de indivíduos ou representantes deles que aleguem serem vítimas de violações dos direitos previstos na respectiva Convenção (no primeiro caso), e para receber comunicações de um Estado-parte alegando que outro não cumpre com suas obrigações internacionais (no segundo caso).

O Brasil ratificou a Convenção Internacional para a Proteção de Todas as Pessoas contra o Desaparecimento Forçado em 29 de novembro de 2010, entrando em vigor internacional para o Estado brasileiro em 29 de dezembro de 2010, conforme expresso na parte relativa às "considerações" do Decreto n.º 8.767, de 11 de maio de 2016, que promulgou a Convenção no âmbito interno.

Conforme a base de dados das Nações Unidas relativa aos tratados internacionais celebrados entre Estados, o Brasil ainda não manifestou declaração no sentido de reconhecimento da competência do CED para receber comunicações individuais. Logo, tal procedimento é inacessível para as vítimas brasileiras.

Contudo convém destacar que o último mecanismo mencionado, classificado como "Ação Urgente" (em inglês *Urgent Action*), permite, segundo o artigo 30 da Convenção, o pedido de "busca e localização" de uma pessoa desaparecida por seus familiares, representantes legais ou qualquer pessoa com legítimo interesse, mostrando-se uma alternativa de peticionamento direto acessível à sociedade civil brasileira.

Isso porque, de acordo com os termos da Convenção, esse procedimento não exige a manifestação expressa do Estado-parte, reconhecendo a competência do CED para o recebimento de tais pedidos por parte dos indivíduos, de modo que basta aos familiares das supostas vítimas ou pessoas com legítimo interesse o preenchimento dos requisitos disposto no artigo 30 da Convenção, bem como nas Regras de Procedimento do Comitê, para que esse analise o pedido, tomando as medidas que lhe são cabíveis, tais como o requerimento ao Estado-parte para que localize e proteja a pessoa vítima de desaparecimento.

De acordo com Sunga (2012, p. 167), o mecanismo de Ação Urgente leva em consideração que a rápida localização de uma pessoa desaparecida pode ser crucial na determinação de seu destino (interpretando-se no sentido de salvaguarda de sua vida, integridade física, psicológica etc.).

Existe apenas um caso brasileiro em atenção a esse procedimento: caso Davi Santos Fiuza (Ação Urgente n.º 61/2014), relativa ao desaparecimento forçado do adolescente Davi, de 14 anos de idade, no estado da Bahia, cujas considerações serão feitas no último capítulo desta obra.

## 1.3 PROCEDIMENTOS E ANÁLISE COMPARATIVA DOS ÓRGÃOS DE TRATADOS

Os comitês de monitoramento ou órgãos de tratados são organismos criados mediante tratados de direitos humanos que foram celebrados sob o patrocínio das Nações Unidas. Dessa forma, não são órgãos integrantes da estrutura da Organização, não se originando da Carta de São Francisco, mas recebem apoios administrativo e financeiro para realizarem suas atividades, que têm o escopo de promover, proteger e mesmo prevenir violações aos direitos humanos com base em seus mecanismos de monitoramento.

Pela semelhança na composição dos Comitês e de suas atribuições, foi surgindo a percepção prática e doutrinária de "sistema", de modo que a própria Assembleia Geral da ONU vem reconhecendo e estimulando a harmonização dos procedimentos desenvolvidos no "Sistema de Órgãos de Tratados" ou Sistema Convencional, conforme já destacado, para fortalecer e aprimorar a atuação dos comitês onusianos, ou mesmo comitês temáticos, na promoção e na proteção dos direitos humanos.

Ao se analisar as competências dos 10 órgãos de tratados destacados, é possível elencar nove procedimentos distintos, sendo que dois consistem em mecanismos que podem ser iniciados pelo peticionamento direto de indivíduos ou grupo de indivíduos que sejam vítimas de direitos humanos (ou seus representantes).

O primeiro e principal procedimento a cargo dos órgãos de tratado, à exceção do Subcomitê para Prevenção da Tortura (SPT), é a "Relatoria Periódica", no qual os Estados são obrigados a submeter relatórios regularmente a cada dois, quatro ou cinco anos (a depender do tratado) após o envio do primeiro relatório, informando quais foram as medidas por eles adotadas no cumprimento das disposições normativas do tratado, a fim de se estabelecer um diálogo "construtivo" com os Comitês, com vistas à promoção e à proteção dos direitos humanos (Castañeda Hernandez, 2012; Naciones Unidas, 2012; Ramos, 2019; Shaw, 2010).

Segundo o Folheto Informativo n.º 30 publicado pelo OHCHR, previamente à sessão em que os Comitês realizarão formalmente o exame dos relatórios estatais, eles elaboram uma lista de questões (*listo of issues*) a serem submetidas aos Estados, podendo solicitar informações não apresentadas que considerem relevantes, permitindo que o diálogo a ser realizado com o Estado seja mais específico, detalhado e "construtivo" (Naciones Unidas, 2012).

De igual modo, com exceção do SPT, os demais comitês têm o mecanismo de Comunicações Individuais, desde que reconhecido expressamente pelo Estado-parte. Por esse procedimento, os indivíduos ou grupos de indivíduos que se julguem vítimas de violação de direitos humanos com previsão no tratado em voga podem peticionar (denunciar) diretamente aos comitês para que analisem o caso concreto.

O terceiro procedimento identificado no Sistema Convencional é de competência exclusiva do Comitê contra o Desaparecimento Forçado (CED), consistindo em mais um mecanismo de peticionamento individual chamado de "Ação Urgente". Consoante o art. 30 da respectiva Convenção, permite-se aos familiares, ou pessoas com interesse legítimo, a denunciarem diretamente ao comitê que uma pessoa se encontra desaparecida, almejando que sejam realizadas buscas pela sua localização.

O quarto procedimento também é específico do CED e está previsto no art. 34 da Convenção, definido como "Chamados Urgentes", no qual o comitê, ao receber informações bem fundamentadas de que está ocorrendo a prática sistemática de desaparecimento forçado em determinado Estado-parte, poderá levar a questão à apreciação da Assembleia Geral das Nações Unidas por meio do secretário-geral da organização.

O quinto procedimento previsto no Sistema Convencional foi criado não por um tratado, mas diretamente pelo Comitê contra a Discriminação Racial (CERD), em 1993, consistindo em um mecanismo preventivo, chamado de "Alerta Precoce e Ação Urgente". Conforme analisado alhures, por meio desse mecanismo busca-se prevenir graves violações de direitos humanos em situações de escalada de conflito e que necessitam de atenção imediata, podendo, inclusive, ser iniciado de ofício pelo Comitê ou por provocação das partes interessadas, como Organizações Não Governamentais (Stoll, 2008; Naciones Unidas, 2011).

Outrossim, seis comitês têm a competência de realizar o procedimento de Inquérito ou Investigação (CAT, CEDAW, CRPD, CRC, CESCR, CED), por intermédio do qual podem realizar visitas in loco caso recebam informações fidedignas de que há violações graves ou sistemáticas aos dispositivos dos tratados pelo Estado-parte (Castañeda Hernandez, 2012; Naciones Unidas, 2012).

Todos os comitês têm competência para elaborar "Observações Gerais" ou "Recomendações Gerais", nas quais emitem suas interpretações quanto a direitos previstos nos tratados, bem como tratam de temas específicos, como violência contra mulher ou direito à vida, ou mesmo orientam os Estados na elaboração de seus relatórios (Stoll, 2008; Naciones Unidas, 2012).

Há ainda o mecanismo de Comunicações Interestatais, previsto dentre a atribuição de sete comitês (CED, CAT, CERD, CMW, CCPR, CRC, CESCR), no qual compete processar denúncias de um Estado-parte que alegue que outro Estado-parte violou dispositivos do respectivo tratado. Considerando que no Direito Internacional prevalece o princípio da reciprocidade e que temas como comércio e segurança internacional podem ser afetados no caso da utilização desse mecanismo, Nowak (2003) acredita que dificilmente seria acionado (Nowak, 2003; Shikhelman, 2019).

Contrariando Nowak (2003), em 2018 o CERD registrou os primeiros casos no procedimento de Comunicações Interestatais, nos quais os países demandantes alegavam violação da Convenção Internacional sobre a Eliminação de Todas as Formas de Discriminação Racial por conduta discriminatória com base na origem étnica ou por origem:[52] caso Catar

---

[52] Mais informações disponíveis em: https://www.ohchr.org/en/treaty-bodies/cerd/inter-state-communications.

*vs.* Reino da Arábia Saudita (Comunicação n.º 99/5),[53] Catar *vs.* Emirados Árabes Unidos (comunicação n.º 99/3) e Estado da Palestina *vs.* Israel (Comunicação n.º 100/5).[54]

O nono e último mecanismo encontrado dentro do Sistema Convencional de Direitos Humanos é de competência exclusiva do SPT e está previsto no art. 11 do Protocolo Adicional à Convenção contra a Tortura, no qual cabe ao Subcomitê realizar visitas a estabelecimentos onde se encontrem ou possam ser encontradas pessoas privadas de sua liberdade, bem como atuar no auxílio direto aos Estados e nos mecanismos preventivos nacionais na missão de prevenir a tortura. Depois das visitas, com a realização de entrevistas confidenciais e acesso a informações relacionadas aos locais de detenção, o SPT elabora sua recomendação às autoridades estatais (Naciones Unidas, 2012).

---

[53] Os fatos do caso referem-se à situação em que, supostamente, a Arábia Saudita, ao decidir aplicar sanções econômicas e políticas contra o Catar, utilizou medidas discriminatórias contra os nacionais e empresas catarenses, tais como a expulsão de todos os residentes e visitantes, sem qualquer justificativa baseada no Direito Internacional (United Nations, 2020). Disponível em: https://undocs.org/Home/Mobile?FinalSymbol=CERD%2FC%2F99%2F5&Language=E&DeviceType=Desktop&LangRequested=False.

[54] Os fatos referem-se ao Estado da Palestina denunciando Israel, alegando violações múltiplas a direitos humanos, como a segregação racial contra palestinos feitas por parte de Israel, infringindo o art. 3 e 5 da Convenção (Icerd). O Comitê pronunciou-se em 12 de dezembro de 2019, ressaltando sua competência para analisar o mecanismo de Comunicações Interestatais no caso, dando ênfase que algumas provisões do Direito Internacional não se aplicam aos tratados de direitos humanos dado que não existe o caráter sinalagmático nas obrigações previstas, as quais devem ser implementadas coletivamente, ou seja, independentemente de haver ou não relações entre os países por meio de tratados assinados entre si. Assim, o Cerd declarou-se competente para avaliar a questão, porque ambos são signatários da Convenção Internacional sobre a Eliminação de Todas as Formas de Discriminação Racial. Outrossim, o comitê anuiu com a admissibilidade da comunicação e solicitou a formação de uma Comissão Especial de Conciliação para resolver o litígio. Mais informações disponíveis em: https://www.ohchr.org/sites/default/files/Documents/HRBodies/CERD/CERD-C-100-5.pdf; https://undocs.org/Home/Mobile?FinalSymbol=CERD%2FC%2F100%2F3&Language=E&DeviceType=Desktop&LangRequested=False. Acesso em: 25 jan. 2023.

Tabela 2 – Comitês onusianos e seus mecanismos de monitoramento

| Órgão de Tratado / Comitê | Tratados | Mecanismos de monitoramento |
|---|---|---|
| Comitê para Eliminação da Discriminação Racial (CERD) | Convenção sobre a Eliminação de todas as Formas de Discriminação Racial – 1966. | I - Relatoria Periódica.<br>II - Recomendações Gerais.<br>III - Comunicações Interestatais.<br>IV - Comunicações Individuais.<br>V - Alerta Precoce e Ação Urgente. |
| Comitê de Direitos Humanos (HRC ou CCPR) | Pacto Internacional sobre Civis e Políticos (PIDCP) – 1966.<br>Protocolo Adicional ao Pacto Internacional sobre Direitos Civis e Políticos – 1966.<br>Segundo Protocolo Adicional ao Pacto Internacional sobre Direitos Civis e Políticos, objetivando a abolição da pena de morte – 1989. | I - Relatoria Periódica.<br>II - Recomendações Gerais.<br>III - Comunicações Interestatais.<br>IV - Comunicações Individuais. |
| Comitê de Direitos Econômicos, Sociais e Culturais (CESCR) | Pacto Internacional sobre Direitos Econômicos, Sociais e Culturais (Pidesc) – 1966.<br>Protocolo Adicional ao Pacto Internacional sobre Direitos Econômicos, Sociais e Culturais – 2008. | I - Relatoria Periódica.<br>II - Recomendações Gerais.<br>III - Comunicações Individuais.<br>IV - Comunicações Interestatais.<br>V - Inquérito ou Investigação. |

| | | |
|---|---|---|
| Comitê para Eliminação de Todas as Formas de Discriminação contra a Mulher (CEDAW) | Convenção sobre a Eliminação de todas as Formas de Discriminação contra a Mulher – 1979.<br><br>Protocolo Adicional à Convenção sobre a Eliminação de todas as Formas de Discriminação contra a Mulher – 1999. | I - Relatoria Periódica.<br>II - Recomendações Gerais.<br>III - Comunicações Individuais.<br>IV – Inquérito. |
| Comitê contra a Tortura (CAT) | Convenção contra a Tortura e outros Tratamentos ou Penas Cruéis, Desumanas ou Degradantes – 1984. | I - Relatoria Periódica.<br>II - Recomendações Gerais.<br>III - Comunicações Individuais.<br>IV - Comunicações Interestatais.<br>V – Inquérito. |
| Subcomitê para Prevenção da Tortura (SPT) | Protocolo Adicional à Convenção contra a Tortura e outros Tratamentos ou Penas Cruéis, Desumanas ou Degradantes – 2002. | I - Visitas.<br>II - Mecanismo de Prevenção Nacional. |

| | | |
|---|---|---|
| Comitê sobre os Direitos da Criança (CRC) | Convenção sobre os Direitos da Criança – 1989. Protocolo Adicional à Convenção sobre os Direitos da Criança, relativo ao procedimento de comunicações – 2011. | I - Relatoria Periódica. II - Recomendações Gerais. III - Comunicações Individuais. IV - Comunicações Interestatais. V- Inquérito. |
| | Protocolo Adicional à Convenção sobre os Direitos da Criança, relativo ao envolvimento de crianças em conflitos armados – 2000. | I - Relatoria Periódica. II - Recomendações Gerais. |
| | Protocolo Adicional à Convenção sobre os Direitos da Criança, relativo à venda, pornografia e prostituição infantil – 2000. | I - Relatoria Periódica. II - Recomendações Gerais. |
| Comitê para a Proteção de Todos os Trabalhadores Migrantes (CMW) | Convenção sobre a Proteção dos Trabalhadores Migrantes e suas Famílias – 1990. | I - Relatoria Periódica. II - Recomendações Gerais. III - Comunicações Individuais. IV - Comunicações Interestatais. |
| Comitê sobre os Direitos das Pessoas com Deficiência (CRPD) | Convenção sobre o Direito das Pessoas com Deficiência – 2006. Protocolo Adicional à Convenção sobre o Direito das Pessoas com Deficiência – 2006. | I - Relatoria Periódica. II - Recomendações Gerais. III - Comunicações Individuais. IV - Inquérito. |

| Comitê contra o Desaparecimento Forçado (CED) | Convenção para Proteção de Todas as Pessoas contra o Desaparecimento Forçado – 2006. | I - Relatoria Periódica.<br>II - Comunicações Interestatais.<br>III - Comunicações Individuais.<br>IV - Recomendações Gerais.<br>V - Ação Urgente.<br>VI - Chamados Urgentes.<br>VII - Inquérito (ou Visitas). |
|---|---|---|

Fonte: a autora

Nota: links de acesso aos regimentos dos comitês encontram-se no Anexo A.

Em conclusão, é possível verificar que os comitês temáticos, ou de monitoramento, têm competências que são em sua grande maioria coincidentes, existindo poucos procedimentos exclusivos de um único órgão de tratado, dos quais se destacam o CERD e o CED, conforme visto.

# 2

# OS MECANISMOS DE INICIATIVA DAS VÍTIMAS: PETICIONAMENTO INDIVIDUAL FRENTE AOS COMITÊS

O presente capítulo almeja estudar o procedimento de Comunicações Individuais, trazendo, inicialmente, considerações com relação à importância da atuação das vítimas frente a órgãos internacionais de proteção dos direitos humanos, e a problemática da nomenclatura que circunda o tema. Outrossim, apresento o mecanismo de Ação Urgente, o qual consiste em mais uma possibilidade de peticionamento direto por representantes de vítimas de violações de direitos humanos.

## 2.1 BREVES CONSIDERAÇÕES

Conforme destaca Donnelly (2003), reclamar (no sentido de proceder com uma *queixa*) um direito torna possível sua realização e efetiva fruição quando outrem, com a obrigação de observá-lo, não o faz.

Mais precisamente no âmbito dos direitos humanos, ressaltou Trindade (2012, p. 14) que "sem o direito de petição individual e o consequente acesso à justiça no nível internacional, os direitos previstos em tratados de direitos humanos seriam reduzidos a letras mortas" (tradução minha),[55] isto é, sem o direito individual de petição perante órgãos internacionais, os direitos humanos previstos em tratados não passariam de palavras desprovidas de eficácia.

No mesmo sentido é destacado no Folheto Informativo n.º 7, publicado pelo Escritório do Alto Comissariado das Nações Unidas para os Direitos Humanos (OHCRH), sob o título *Procedimientos para presentar denuncias individuales en virtud de tratados de derechos humanos de las Naciones Unidas*, ao afirmar-se que as petições individuais permitem que os direitos humanos previstos abstratamente em tratados adquiram um significado

---

[55] "Whithout the right of individual petition, and the consequent access to justice at international level, the rights set forth in human rights treaties would be reduced to little more than dead letter" (Trindade, 2012, p. 14).

concreto, colocando em prática normas internacionais que de outra maneira poderiam parecer gerais e abstratas (Naciones Unidas, 2013).

Em seu texto original em espanhol:

> Los derechos humanos adquiren um significado concreto cuando se presentan denuncias individuales. Al pronunciarse um fallo em um caso individual se llevan a la práctica normas internacionales que de outra manera podrían parecer generales y abstractas. Las normas que contienenlos tratados Internacionales de derechos humanos producen sus efectos más inmediatoscuando se las aplica a lasituación de la vida diaria de una persona (Naciones Unidas, 2013, grifo meu).

Ou, ainda nos termos da publicação em inglês[56] do mesmo documento:

> It is through individual complaints that human rights are given concrete meaning. In the adjudication of individual cases, international norms that may otherwise seem general and abstract are put into practical effect. When Applied to a person's real-life situation, the standards contained in international human rights treaties find their most direct application (United Nations, 2013, p. 1, grifo meu).

A ideia de trazer a citação direta nas versões originais em espanhol e inglês do Folheto Informativo n.º 7 visa ilustrar a questão da nomenclatura utilizada oficialmente pela ONU para referir-se aos procedimentos de Comunicações Individuais dos Comitês, problema que será debatido mais à frente.

De modo geral, as reflexões trazidas por Donelly (2003) e Trindade (2012) e expressas pelas publicações da ONU, permitem afirmar que os mecanismos de peticionamento individual a órgãos internacionais conferem verdadeiro poder aos indivíduos de buscarem a concretização dos direitos humanos consagrados em tratados. Isso porque legitima-se que pessoas denunciem um Estado sobre a violação de uma norma internacional cuja obrigatoriedade tornou-se imperativa, quando, por um ato de

---

[56] As publicações do OHCHR são feitas nas línguas oficiais da ONU, quais sejam: inglês, espanhol, francês, russo, chinês e árabe. Inclusive, esses são idiomas que devem ser utilizados na submissão de uma queixa/comunicação individual aos comitês, de acordo com o Folheto Informativo n.º 7, sobretudo o inglês, espanhol, francês, russo, por serem os idiomas utilizados nas atividades das secretarias, o que é uma vantagem no recebimento e na análise da petição e dos documentos que a acompanham.

soberania, o ente estatal voluntariamente comprometeu-se a observar (em respeito à máxima do *pacta sunt servanda*, contida no artigo 26 da Convenção de Viena sobre o Direito dos Tratados de 1969).

A consolidação de mecanismos que permitem ao indivíduo o acesso direto (direito de petição) a órgãos de proteção dos direitos humanos fortalece a noção da personalidade jurídica e a capacidade processual das pessoas, situação que era inimaginável antes da Segunda Guerra Mundial no Direito Internacional, em virtude da tradicional visão *estato-cêntrica*, que só reconhecia os Estados como sujeitos de direito e que não permitia interferências na relação entre si e seus respectivos nacionais por parte dos demais membros da sociedade internacional (Nowak, 2003; Trindade, 2012).

No âmbito do Sistema Global de Direitos Humanos, destacou Terezo (2014) que por não ter sido concebida como um instrumento jurídico vinculante, a Declaração Universal de Direitos Humanos de 1948 não apresentou em seu texto qualquer previsão de mecanismos de fiscalização de seu cumprimento por parte dos Estados ou de remédios jurídicos que importassem em meios para exigibilidade e judicialização dos direitos ali expressos.

Somente a partir dos Pactos Internacionais é que os Estados-partes passam a ser obrigados internacionalmente ao cumprimento dos deveres de respeito e garantia dos direitos humanos, submetendo-se aos mecanismos e procedimentos internacionais de monitoramento ou fiscalização (*accountability*) (Terezo, 2014).

Outrossim, com relação ao Sistema Convencional, destacou Nowak (2003) que em razão do mecanismo de Comunicações Individuais traduzir em uma maior interferência no âmbito da soberania estatal que o procedimento de Relatoria Periódica, tal mecanismo foi estabelecido com base em uma manifestação opcional por parte dos Estados, seja por meio de uma declaração expressa referente ao artigo que o prevê, seja por meio da ratificação de um de Protocolo Adicional ao tratado principal, conforme destacado no capítulo retro.

Segundo Trindade (2002), o direito de petição individual teve seu reconhecimento expresso na Conferência Internacional e no Programa de Ação de Viena, em 1993, em que não só se invocou sua adoção como um mecanismo adicional de proteção dos direitos humanos, tornando-se verdadeira cláusula pétrea dos instrumentos que o consagram, como também se recomendou aos Estados-partes que aceitassem todos os procedimentos facultativos referentes às Comunicações Individuais.

Com efeito, o que se nota a partir do III e do IV Relatório sobre a "Situação do Sistema de Órgãos de Tratados dos Direitos Humanos", destacados no capítulo precedente (p. 35-36), é que desde a Conferência Internacional, os Estados foram efetivamente reconhecendo as cláusulas facultativas referentes ao peticionamento individual, ampliando as possibilidades das vítimas de direitos humanos a acionarem o sistema e obterem alguma forma de reparação ou prevenção.

## 2.2 PETIÇÃO, COMUNICAÇÕES, DENÚNCIAS OU QUEIXAS? O PROBLEMA DA NOMENCLATURA

Segundo Trindade (2012, p. 19), a distinção entre os termos "comunicação" e "petição" em sentido estrito remontam à clássica diferença feita por N. Feinberg e P. N. Drost, em relação a *pétition plainte* e *pétition voeu*.

A *pétition plainte* traria o significado de petição stricto sensu, consubstanciando-se em uma *queixa* que teria por base a violação a um direito individual concreto, objetivando-se a reparação por parte das autoridades.

Por sua vez, a *pétition voeu* seria uma *queixa* relativa a interesses gerais de um grupo, buscando-se, por meio dela, medidas públicas (ação pública) das autoridades. Com o passar dos anos essa forma de peticionamento teria evoluído, passando a ser chamada de "comunicação" (Trindade, 2012).

Por sua vez, Ramos (2019) classificou o direito de comunicação como uma modalidade de manifestação do indivíduo que não necessariamente acarreta a instauração de um procedimento para averiguar a violação de um direito individual, apenas leva ao conhecimento de órgãos internacionais fatos considerados gravosos aos direitos humanos. Ainda, conforme o autor, tal forma de peticionamento pode ser encontrada em mecanismos extraconvencionais da ONU, a exemplo do procedimento de 1503 da antiga Comissão de Direitos Humanos.[57]

Nesse ponto, a classificação de Ramos (2019), embora não encontre coincidência, não parece conflitar com o sentido atribuído ao termo *pétition voeu* destacado por Trindade (2012), já que em ambos o resultado da

---

[57] Hoje tal mecanismo de denúncia corresponde ao procedimento 5/1 do Conselho de Direitos Humanos.

análise a ser feita pelo órgão internacional não se cingiria a determinar se houve ou não a violação de um direito em um caso concreto, ou seja, a "comunicação" não seria um instrumento de adjudicação visando prevenir ou reparar danos sofridos pelo peticionante em um caso concreto.

Por outro lado, dando continuidade à categorização de Ramos (2019, p. 360), o "direito de petição" compreenderia a modalidade de manifestação do indivíduo em que ele alega ser vítima de uma violação, exigindo uma resposta por parte dos órgãos internacionais, mediante um procedimento preestabelecido, que pode processar os Estados. O autor aponta como exemplo desse tipo de reclamação os sistemas de peticionamento perante a Comissão Interamericana de Direitos Humanos e a Comissão Africana de Direitos Humanos.[58]

Assim, o "direito de petição" de Ramos (2019) encontraria certa congruência com a *pétition plainte* explanada por Trindade (2012).

Todavia, Ramos (2019, p. 360) agrega mais um tipo de peticionamento individual em sua classificação, o "direito de ação", que seria "a máxima intervenção do indivíduo na busca do julgamento internacional", em que ele poderia apresentar uma denúncia diretamente a cortes judiciais, a exemplo do procedimento previsto no sistema europeu de direitos humanos após o Protocolo n.º 11.[59]

Apesar de respeitável tentativa de ordenar as variadas formas em que o indivíduo pode acionar órgãos internacionais para denunciar a violação a um direito previsto em tratados internacionais de direitos humanos, Ramos (2019) não chega a fazer menção onde se enquadraria o peticionamento perante os órgãos de tratados do Sistema Convencional das Nações Unidas, assim como não se consegue, pela sua classificação, distinguir ao certo o "direito de petição" e o "direito de ação", já que ambos são procedimentos contenciosos a serem deflagrados por indivíduos, com

---

[58] Apesar de existirem inúmeras diferenças entre os procedimentos de peticionamento dentro dos mecanismos de Comunicações Individuais nos Comitês de monitoramento e nos mecanismos de peticionamento dos sistemas interamericano e africano, o autor não chega a desenvolver uma explicação mais elaborada sobre se encaixariam ou não na mesma classificação, subentendendo-se que sim, já que o procedimento de Comunicações Individuais deflagra um processo em que se busca a imputação de violação do Estado, com uma resposta satisfativa para proteção dos direitos da vítima.

[59] O Protocolo n.º 11, como destacou Piovesan (2019), foi o tratado internacional que assegurou aos indivíduos sob a jurisdição dos países que o ratificaram, o acesso direto ao Tribunal Europeu de Direitos Humanos por meio da apresentação de petições em que denunciem ser vítimas de violação de direitos humanos contidos na Convenção Europeia de Direitos Humanos ou em seus Protocolos Adicionais.

possibilidade de condenação estatal (responsabilização do Estado) por uma corte judicial.

Assim, a par de possíveis reflexões e considerações que possam ser extraídas da caracterização supramencionada por Ramos (2019) ou mesmo por Trindade (2012),[60] especificamente no âmbito do Sistema Convencional, quem melhor observou a problemática terminológica do procedimento de Comunicações Individuais foi Manfred Nowak (2003).

Destacou Nowak (2003, p. 100) que embora o mecanismo de peticionamento tenha sido criado com base no modelo da Corte Europeia de Direitos Humanos, na elaboração dos tratados *onusianos* buscou-se empregar uma terminologia mais "suave", substituindo a expressão "queixas" (*complaints*) por "comunicações" (*communications*), "requerentes" (*applicants*) por "autores" (*authors*) e decisões (*decisions*) por "visões finais" (*views* ou *final views*), a fim de não criar a impressão de serem julgamentos vinculantes.

Por esse motivo é que se encontram no corpo dos tratados internacionais do Sistema Convencional listados as expressões *individual communication*, que em sua tradução para o português seria "comunicações individuais".

Acredita-se que razão disso deve residir no fato de que, por razões políticas, decidiu-se inicialmente evitar a ideia de julgamentos vinculantes no âmbito do Sistema Convencional com o intuito de atrair o maior número possível de Estados-partes nos tratados, focando como seu principal mecanismo de monitoramento o procedimento de Relatoria Periódica.

Afinal, como bem destacado por Donelly (2003), os Estados só participam de um regime internacional para alcançar objetivos nacionais cuja consecução não conseguiriam sozinhos, levando em consideração, ademais, o ambiente internacional em que vigora a interdependência. Todavia os Estados só resolvem integrar um regime quando lhes parece "seguro" com relação às possíveis restrições que tal regime pode afetar em sua soberania.

---

[60] Poderia se refletir sobre se ao peticionar no âmbito do Direito Internacional dos Direitos Humanos a consequência das decisões dos órgãos internacionais e deveres do Estado teriam impacto unicamente no direito individual da vítima (o que, particularmente, não se acredita, haja vista, dentre outras razões, que entre as medidas de reparação solicitadas pelas instâncias julgadoras sempre se requer ao Estado a garantia de não repetição), ou se abarcariam os direitos de um grupo, uma comunidade, levando, portanto, a uma possível conexão entre as ideias expressas na *pétition plainte* e *pétition voe* na análise das consequências resultantes da interposição de uma petição.

Assim, parte-se do pressuposto que o procedimento de Comunicações Individuais possibilita maior interferência no âmbito da soberania dos Estados, como enfatizado por Nowak (2003), uma vez que submete Estados a um julgamento, no mínimo moral, em relação aos seus compromissos internacionais e para com os direitos humanos, esse fixado como referencial ético e um sistema legalmente estruturado, de caráter universal e estabelecido como padrão normativo (Donelly, 2003; Nowak, 2003).

Afirma Donelly (2003) que os direitos humanos são considerados interesses morais, os quais não são menos "reais" ou sérios do que interesses materiais. A interdependência moral relativa aos direitos humanos é capaz de compelir os Estados a participarem, em maior ou menor grau, de um dado regime, sendo que muitos só aceitam participar por questões de prestígio ou imagem, desde que não aparentem ameaçar sua soberania (Donnelly, 2003).

Inclusive, considerações de imagem e prestígio, segundo Shikhelman (2019), são importantes elementos motivadores para o cumprimento de decisões e/ou recomendações provenientes dos órgãos internacionais de proteção dos direitos humanos, como os Comitês de monitoramento.

Ressalta-se, nessa linha, que Matthew Craven (1998 *apud* Terezo, 2014) destacou que a crença dos Estados de que os direitos econômicos, sociais e culturais contidos no Pidesc não poderiam ser denunciados internacionalmente ou mesmo serem objetos de demandas judiciais (ou seja, desprovidos de justiciabilidade), resultou em uma ampla adesão dos países ao tratado em voga.

Nesse contexto, é válido mencionar, como destacado por Shikhelman (2019), que existe verdadeiro debate doutrinário dentro do Direito Internacional acerca do porquê os Estados cumprirem ou não as normas jurídicas internacionais, sendo que no âmbito do Direito Internacional dos Direitos Humanos essa questão se intensifica, já que as violações ocorrem dentro dos Estados, não tendo efeito óbvio ou imediato dentro da esfera internacional.

Ainda que polêmico possa ser o debate do motivo de se ter escolhido a adoção de uma nomenclatura ou outra (comunicações, petições, denúncias ou queixas), ou mesmo sobre a voluntariedade no cumprimento das disposições normativas dos tratados internacionais e pronunciamentos de órgãos internacionais de proteção e promoção dos direitos humanos, fato é que atualmente se observa que a própria ONU utiliza-se dos termos comunicações individuais (*individual communications*), queixas individuais (*individual complaints*) ou "denúncias individuais" (*denuncias individuales*) de modo intercambiante, como pode se extrair do site oficial da organização e do Folheto Informativo n.º 7 elaborado pelo OHCHR (Naciones Unidas, 2013; United Nations, 2013).

Desse modo, conclui-se que atualmente é irrelevante a diferença de nomenclatura, se "petição", "comunicação", "reclamação" ou "queixa". Isso porque, em qualquer situação, o que se tem é o exercício do direito de petição perante um órgão internacional com competência para analisar casos concretos e determinar se há ou não desrespeito aos direitos humanos por parte do Estado demandado, recomendado e/ou determinando formas de reparação e não repetição de violações.

## 2.3 O PROCEDIMENTO DE COMUNICAÇÕES INDIVIDUAIS (QUEIXAS) DOS COMITÊS DE MONITORAMENTO COM COMPETÊNCIA SOBRE O BRASIL

Segundo Nowak (2003), o procedimento de Comunicações Individuais tem feição "quase-judicial" e assemelha-se ao modelo da Corte Europeia de Direitos Humanos, tendo sido nele espelhado. Entre os diferentes Comitês existentes no âmbito do Sistema Convencional, Nowak (2003) considera, na prática, que o mecanismo do Comitê de Direitos Humanos (CCPR) seja o mais importante em virtude de suas decisões serem substancialmente construídas na forma das cortes regionais europeia e interamericana, contendo recomendações específicas para os Estados.

Essa visão de Nowak (2003), contudo, já não encontra mais guarida atualmente ao se analisar a atuação dos outros órgãos de tratado. Isso porque, compulsando a jurisprudência de alguns Comitês, a exemplo do CEDAW, verifica-se a existência de recomendações específicas feitas aos Estados, inclusive determinando medidas de reparação a serem direcionadas para a vítima e obrigações gerais de não repetição de violações semelhantes, requerendo, em alguns casos, até mesmo a modificação da legislação interna, como no caso R.B.P *vs.* Filipinas (Comunicação n.º 34/2011).[61]

Já sob a ótica de Buergenthal (2001), o CCPR, embora não seja o Comitê mais antigo, destacou-se como o mais inovador e proativo ao longo dos anos, em razão de inúmeros fatores, dentre os quais se sobreleva o fato de ser o órgão de tratado que tem a mais ampla jurisdição em termos de direitos e sujeitos abrangidos em comparação com os demais.

Aderindo a essa perspectiva de Burgenthal (2001), verifica-se que o catálogo de direitos abarcados pelo PIDCP pode ser pleiteado por todas as pessoas indistintamente, sejam mulheres, crianças, trabalhadores migrantes, negros ou pessoas com deficiência, bem como tutela os direitos relativos à vida e à integridade física, de modo a possibilitar a proibição contra a tortura e o desaparecimento forçado, direitos esses cuja definição e tutela específica foram objeto da Convenção contra a Tortura e Convenção contra o Desaparecimento Forçado, respectivamente.

Consoante Jelic e Muehrel (2022), a posição do CCPR é única, considerado entre os profissionais e estudiosos, a exemplo de Buergenthal e Nowak, como "O Comitê", tendo contribuído com suas *views* para o desenvolvimento de standards internacionais de proteção dos direitos humanos, recebendo a maior quantidade de comunicações individuais do Sistema Convencional, com mais de 3.624 entre 1979 e 2020, e adotado mais de 1.500 decisões.[62]

Outrossim, no que se refere à proatividade de suas manifestações, reputa-se importante destacar o posicionamento do próprio CCPR em seu Comentário Geral n.º 33, no qual ele consignou que suas decisões, denominadas de *views* pelo Protocolo Facultativo, retratam a conclusão pelo Comitê se houve ou não a violação de um direito previsto no Pacto Internacional sobre Direitos Civis e Políticos (PIDCP) e fixam um recurso, sendo fruto de um procedimento que contém as principais características

---

[61] Entre as recomendações, o CEDAW determinou ao Estado que outorgasse a autora a devida reparação, incluindo indenização monetária proporcional à gravidade das violações; fornecesse gratuitamente terapia psicológica, bem como aos membros de sua família que foram afetados; oportunizasse uma educação livre de obstáculos com interpretação/tradução; e, de forma geral, que o Estado revisasse a sua legislação em relação ao crime de agressão sexual (estupro), eliminando a necessidade de violência e os requisitos de prova de penetração, assegurando que o delito esteja vinculando com a questão da falta de consentimento (Committee Cedaw, Communication n.º 34/2011).

[62] Segundo informam Jelic e Muehrel (2022), o segundo a receber a maior quantidade de comunicações é o CAT, tendo adotado cerca de 400 decisões.

de uma decisão judicial e devem ser cumpridas pelos Estados de boa fé e em respeito ao art. 2, parágrafo 3º do PIDCP (United Nations, 2009).

Assim, para além do princípio do *pacta sunt servanda* sublinhado pelo CCPR como argumento para que os Estados cumpram com suas manifestações (*views*), o Comitê realça a formação de sua decisão em comparação à realizada por cortes judiciais, das quais se pode destacar o contraditório, a imparcialidade e a independência do órgão julgador, já que, como visto no capítulo anterior, os membros dos Comitês não representam os Estados dos quais são nacionais, devendo ainda seguir as Diretrizes *Addis Ababa* que orientam, inclusive, os casos em que se deve considerar haver ou não conflito de interesses, impedindo-os de participar da tomada de decisão.

Com efeito, ante tais ponderações do Comitê em seu Comentário Geral n.º 33, observa-se que ele expressamente compara seu procedimento a um processo judicial, de forma que seu objetivo aparenta ser buscar a superação de questionamentos sobre a obrigatoriedade de suas decisões em que pese não ser uma corte judicial. Afinal, como visto alhures, uma das problemáticas quanto à definição da nomenclatura do mecanismo de Comunicações Individuais do Sistema Convencional repousou justamente na crença da baixa vinculatividade das determinações dos Comitês.

Conforme analisado no tópico precedente desta obra, com exceção do Subcomitê contra a Tortura (SPT), todos os Comitês onusianos têm competência para o recebimento de petições individuais, embora nem todos tenham entrado em funcionamento para o exercício dessa atribuição específica, como é o caso do Comitê para a Proteção dos Trabalhadores Migrantes (CMW).

Especificamente em relação ao Brasil, ainda não houve adesão à Convenção Internacional para a Proteção dos Trabalhadores Migrantes e suas famílias (ICMW), bem como também não houve manifestação de aceite reconhecendo a competência do Comitê contra o Desaparecimento Forçado (CED) para o recebimento de comunicações individuais. Igualmente, o Estado Brasileiro ainda não aderiu ao Protocolo Facultativo ao Pidesc, que atribuiu ao Comitê de Direitos Econômicos, Sociais e Culturais (CESCR) a competência para analisar petições individuais.

Nessa senda, a análise do procedimento de Comunicações Individuais dar-se-á com base na sistemática desenvolvida dentro dos Comitês em que o Brasil reconheceu expressamente essa atribuição, sobretudo o

Comitê de Direitos Humanos (CCPR) que, conforme acima mencionado, é "O Comitê" mais proativo, o segundo mais antigo do sistema e o único que, até o momento, tem diretrizes quanto às medidas de reparação às vítimas, conforme destacado no relatório "Os progressos realizados na harmonização de práticas e métodos de trabalho dos órgãos criados em virtude de tratados",[63] resultado da 34º reunião dos presidentes dos Comitês, ocorrida entre 30 de maio a 3 de junho de 2022 (Naciones Unidas, 2022, tradução minha).

### 2.3.1 Características gerais do procedimento de Comunicações Individuais (Queixas)

Em sua obra, Nowak (2003) destaca que o mecanismo de Comunicações Individuais é um procedimento desenvolvido com base em informações essencialmente escritas, não cabendo audiências orais ou coleta de informações por parte dos Comitês mediante visitas aos Estados, diferentemente dos procedimentos existentes nas cortes americana e europeia de direitos humanos.

Atualmente, entretanto, é possível verificar nas Regras de Procedimento (Regimentos ou *Rules of Procedure*) de alguns Comitês a possibilidade de haver manifestações orais das partes no Comitê de Direitos Humanos (CCPR), no Comitê contra a Tortura (CAT), no Comitê sobre a Eliminação da Discriminação Racial (CERD) e no Comitê sobre os Direitos da Criança (CRC) (Naciones Unidas, 2013; Callejon; Kemileva; Kirchmeier, 2019).

Assim, é que o artigo 117.4 das Regras de Procedimento do CAT, à semelhança do que dispõe o artigo 94.5 do Regimento do CERD, prevê a possibilidade de audiências orais (*oral hearings*) para esclarecimento dos fatos da causa pelo peticionante ou pelos representantes dos Estados, bem como para responder a perguntas sobre admissibilidade e mérito.[64]

A diferença entre as audiências orais (*oral hearings*) previsto no CAT e no CERD está em que no primeiro há regra específica informando que a audiência será realizada em sessão privada, esclarecendo-se, outrossim,

---

[63] "Progresos realizados en la armonización de las prácticas y los métodos de trabajo de los órganos creados en virtud de tratados" (Naciones Unidas, 2022).

[64] Ainda de acordo com o artigo 117.4 das Regras de Procedimento do CAT, a outra parte será informada da audiência e convidada a requerer o que entender de direito. Assim, verifica-se que há respeito ao princípio do contraditório, corroborando a análise de Carla Dantas de que o "contraditório estará presente em todas as fases do mecanismo de monitoramento dos direitos humanos" (Dantas, 2012, p. 207).

que o não aparecimento na sessão não acarretará prejuízo à análise e ao prosseguimento da comunicação.[65]

Quanto às *oral hearings*, no rito procedimental do CRC, a peculiaridade reside na possibilidade de as partes atenderem ao pedido de esclarecimentos ou perguntas do Comitê via teleconferência ou vídeo, devendo-se considerar sempre o princípio do melhor interesse da criança e o respeito as suas opiniões, levando em conta sua maturidade (artigo 19 c/c artigo 1 da Regra de Procedimento do Comitê referente ao Protocolo Facultativo).

Já no CCPR, a possibilidade de manifestação oral no curso do procedimento tem um caráter distinto, uma vez que, conforme estabelecido no artigo 101.4 de seu Regimento e segundo suas "Diretrizes para realização de Comentários Orais", o Comitê excepcionalmente convoca as partes a fazerem comentários orais (*oral comments*) nos casos em que considerar haver questões complexas de fato ou direito interno ou temas importantes de interpretação do PIDCP, sendo necessário haver a concordância de ambas partes em participar da reunião (United Nations, 2019).

Ademais, caso o CCPR tenha pontos específicos da comunicação que deseje debater durante a audiência, deverá elaborar uma lista de itens e apresentá-la às partes pelo menos trinta dias antes da data agendada para a reunião, cuja realização dar-se-á a portas fechadas, tendo autor e Estado vinte minutos cada para fazer comentários sobre os argumentos levantados e para responder o questionário do Comitê (United Nations, 2019).

Segundo Jelic e Muehrel (2022, p. 30), o CCPR foi o primeiro Comitê a adotar Diretrizes sobre *oral comments*, tendo sido realizada até então somente uma audiência oral, no caso Miller e Carroll *vs*. Nova Zelândia (Comunicação n.º 2502/014), com decisão adotada em novembro de 2017, que versa sobre detenção arbitrária, em que o Estado manteve as vítimas encarceradas mesmo após o cumprimento das penas.

Assim, embora a regra seja que o procedimento de Queixas no Sistema Convencional desenvolva-se essencialmente por meio de manifestações e documentos escritos das partes, há possibilidade de *oral hearings* no CAT, CERD e no CRC (em que os Comitês solicitam esclarecimentos

---

[65] Embora não haja igual previsão, extrai-se a mesma consequência no procedimento desencadeado dentro do CERD, em razão da previsão contida nos artigos 83-85 do Regimento, que dispõe que o secretário-geral pode pleitear esclarecimentos, mas que caso não haja envio ou permaneça a dúvida, ainda sim se prossegue no encaminhamento da petição ao Comitê.

e podem receber informações adicionais das partes), bem como *oral comments* no CCPR, cuja natureza mais se aproxima de uma verdadeira sustentação oral das partes em casos complexos.

Ademais, há que se destacar que o procedimento no CRC também é exceção à regra de que um Comitê apenas examina documentos escritos das partes, uma vez que os artigos 19 e 23 de seu Regimento Interno (ou Regras de Procedimento) referente ao mecanismo de Comunicações prevê a possibilidade da intervenção de terceiros (*third-party intervention*), podendo o Comitê receber ou mesmo solicitar documentos oriundos de outros órgãos ou agências das Nações Unidas, bem como de órgãos dos sistemas regionais de proteção dos direitos humanos e até de Organizações Não Governamentais (ONGs) – prática que se tornou habitual, conforme mostra a jurisprudência do CRC dos últimos três anos.[66]

Na mesma linha, o procedimento no Comitê sobre os Direitos da Pessoa com Deficiência (CRPD) também admite a intervenção de terceiros, contudo essa intervenção deve necessariamente ser requerida e acompanhada de autorização de uma das partes (art. 72.3 das Regras de Procedimento do CRPD).

No Comitê de Direitos Humanos (CCPR), consoante o artigo 96 de seu Regimento Interno, também é possível que o Comitê receba documentos e informações de terceiros (*third-party submissions*) sobre a controvérsia submetida a sua análise, devendo encaminhá-las às partes para que submetam suas considerações. Seu Regimento ainda ressalta que a participação de terceiros não terá o condão de transformá-los em partes do procedimento.

No mesmo sentido, no Comitê contra a Tortura (CAT), em que pese faltar referência à possibilidade de intervenção de terceiros[67] ou que terceiro podem apresentar documentos acerca de fatos relativos à causa (*third-party submissions*), segundo o artigo 118 de seu Regimento, é possível que durante todo o trâmite da petição o Comitê receba informações

---

[66] Entre as comunicações que tiveram a participação de terceiros pode-se destacar as Comunicações n.º 104/2019; 105/2019; 106/2019; 107/2019; 108/2019 (todas relativas ao Caso Chiara Sacchi e outros contra Brasil, Suécia e outros), decididas em 22/09/2021; comunicação n.º 51/2018 (Caso A.B. contra Finlândia), com decisão emitida em 04/02/2021; comunicação n.º 40/2018 (Caso S.M.A. contra Espanha), com decisão em 28/09/2020; comunicação n.º 026/2017 (Caso M.B.S. contra Espanha), com decisão em 28/09/2020; comunicação n.º 24/2017 (Caso A.B. contra Espanha), com decisão em 07/02/2020; comunicação n.º 27/2017 (Caso R.K. contra Espanha), decidido em 18/09/2019; comunicação n.º 22/2017 (Caso J.A.B. contra Espanha), decidido em 31/05/2019.

[67] Em inglês: *third-party intervention*.

de órgãos ou agências das Nações Unidas ou, ainda, outras fontes que auxiliem na formação de seu convencimento, dando-se sempre oportunidade às partes para se manifestarem. Semelhante dispositivo (art. 72) é encontrado no Regimento Interno do Comitê para Eliminação de Todas as Formas de Discriminação contra a Mulher (CEDAW).

Desse modo, os procedimentos no CRC, CRPD, CCPR, CAT e CEDAW revelam que não existe mais a regra de que os órgãos de tratados somente examinam informações oriundas diretamente das partes no exame de comunicações individuais, conforme verificado por Nowak (2003) há 20 anos, havendo a possibilidade de que terceiros atuem na qualidade de *amicus curiae*,[68] sendo que Callejon, Kemileva e Kirchmeier (2019) também destacaram a mesma possibilidade de intervenção de terceiros no Comitê de Direitos Econômicos, Sociais e Culturais (CESCR).

Por sua vez, regra que não tem exceção normativa, é que todas as petições individuais apresentadas no Sistema Convencional, antes de serem recebidas pelos comitês de monitoramento a que se destinam, passam primeiramente pela Secretaria Geral da ONU, que é o órgão responsável pelo recebimento e pela triagem, devendo registrar as comunicações e averiguar se os requisitos formais foram cumpridos pelo peticionante[69] (Dantas, 2012).

Assim, como dispõem os Regimentos Internos (*Rules of Procedure*) dos Comitês,[70] cabe à Secretaria Geral requerer diretamente ao peticionante quaisquer informações adicionais, sejam relativas à identidade do autor (tais como seu nome, endereço e ocupação) ou mesmo acerca dos fatos, perquirindo sobre as evidências que os subsidiam, quais os passos tomados para esgotar os recursos internos, bem como em que medida o objeto da denúncia foi ou está sendo examinado por outro órgão internacional, devendo, ademais, indicar um prazo apropriado para que o denunciante apresente resposta.

---

[68] Consoante ensina Neves (2021, p. 390), a figura do *amicus curiae* "vem do direito romano, sendo que no direito norte-americano deu-se o seu maior desenvolvimento, com fundamento na intervenção de um terceiro desinteressado em processo em trâmite com o objetivo de contribuir com o juízo na formação de seu convencimento".

[69] Prevendo o recebimento das comunicações pela Secretaria Geral da ONU: art. 88 da Regra de Procedimento do CCPR; art. 16.1 do Regulamento do CRC referente ao Protocolo Facultativo; art. 83 do Regulamento do CERD; art. 103 do Regulamento do CAT; art. 56.1 do Regimento do CEDAW; art. 55 das Regras de Procedimento do CRPD.

[70] Art. 89 da Rules of Procedure do CCPR; art. 15 do Regimento Interno do CRC referente ao Protocolo Facultativo; art. 84 do Regulamento do CERD; art. 105 do Regulamento do CAT; art. 58 do Regimento do CEDAW; art. 57 das Regras de Procedimento do CRPD.

Na prática, verifica-se que as petições aos Comitês são, atualmente, realizadas por um formulário comum disponível no sítio do OHCHR,[71] contendo as informações que o reclamante deve fornecer para que tenha início o procedimento contencioso, devendo ser encaminhadas para um e-mail comum (petitions@ohchr.org), o que parece atender às previsões dos Regimentos Internos dos Comitês que dispõem acerca da possibilidade de aprovação de um questionário específico a ser preenchido pelo peticionante,[72] bem como às orientações advindas das Resoluções emitidas pela Assembleia Geral sobre a harmonização de práticas e métodos de trabalho dos Comitês, conforme destacado no capítulo anterior.

Ademais, há que se ressaltar que após o registro da comunicação existe a possibilidade de o peticionante pleitear liminares ou medidas cautelares (*interim measures*) aos Comitês, conforme dispõem seus Regimentos Internos,[73] a fim de evitar danos irreversíveis ao direito invocado pela vítima (United Nations, 2013).

Assim, antes mesmo de decidir quanto ao fundo do direito ou mesmo quanto à admissibilidade da comunicação, o Comitê em questão pode requerer ao Estado demandado que adote determinadas condutas a fim de evitar consequências irreparáveis ao direito alegado pelo autor da comunicação, tendo o Comitê de Direitos Humanos (CCPR), inclusive, já afirmado há muito em sua jurisprudência que os Estados que não observam as decisões tomadas pelo Comitê no procedimento de liminares, violam o Pacto Internacional de Direitos Civis e Políticos (Shaw, 2010).

Na prática, o pedido de medidas cautelares já pode ser indicado no momento do preenchimento do formulário comum disponível no sítio do OHCHR, como acima destacado. Contudo não há qualquer impedimento de que seja pleiteado depois, desde que seja até antes da apreciação do mérito, conforme destacado nos Regimentos Internos. Outrossim, pode o Comitê reavaliar durante todo o procedimento a necessidade de manter ou retirar a liminar concedida, de acordo com as informações prestadas pelos Estados e pela vítima (United Nations, 2021a).

---

[71] Disponível no site do ACNUDH ou OHCHR (por sua sigla em inglês), destacado como Formulário e orientação para a apresentação de uma comunicação individual aos órgãos do tratado: Disponível em: (ohchr.org); PUAS-online-form-S.docx (live.com). Acesso em: 25 mar 2022
[72] A exemplo do art. 92.4 do Regimento Interno do CERD e art. 105.3 do CAT.
[73] Art. 94 do Regimento do CCPR; art. 114 do Regimento do CAT; art. 63 do Regimento do CEDAW; art. 7 do Regimento do CRC sobre Comunicações; art. 64 do Regimento do CRPD; art. 94.3 do Regimento do CERD.

No que tange aos requisitos formais de admissibilidade (preliminares de mérito) para o exame das comunicações individuais, segundo as regras previstas nos tratados e normas regimentais dos comitês de monitoramento, bem como em sua jurisprudência, é possível traçar uma divisão em pressupostos subjetivos e objetivos, tal como o faz a doutrina processualista brasileira, como Fredie Didier Jr. (2023), ao estudar os pressupostos processuais de uma ação judicial.

Nessa linha, os requisitos subjetivos visam identificar *quem pode* e *contra quem* se pode apresentar uma queixa no Sistema Convencional, ou seja, determinam a legitimidade das partes. Já os requisitos objetivos têm o fim de averiguar todas as demais questões que são aptas a subtrair da análise do Comitê, o pedido feito pelo autor (exame do mérito), a exemplo da litispendência internacional e da regra do esgotamento dos recursos internos.

Neste capítulo são identificados os principais requisitos subjetivos e objetivos de admissibilidade, deixando-se para aprofundar alguns questionamentos no seguinte, atinente ao exame da jurisprudência dos Comitês e das comunicações individuais apresentadas contra o Brasil.

### 2.3.1.1 Requisitos subjetivos de admissibilidade: legitimidade das partes

Quanto à legitimidade ativa, ou seja, quem pode peticionar para os comitês de monitoramento, de acordo com Alves (2008) e Nowak (2003), diferentemente da previsão contida nas convenções regionais americana, europeia e africana de direitos humanos que possibilitam a apresentação de uma petição por entidades civis, no procedimento de Comunicações Individuais do Sistema Convencional somente indivíduos ou grupo de indivíduos que se julgarem vítimas ou seus representantes é que podem apresentar uma denúncia. Tal observação está conforme a literalidade dos tratados, Protocolos Facultativos e Regimentos Internos dos Comitês.

A priori, segundo o texto contido nos tratados, apenas as vítimas ou seus representantes que estejam sob a jurisdição de um Estado-parte que tenha reconhecido essa competência do Comitê é que podem submeter petições escritas. Com exceção dos procedimentos do Comitê de Direitos Humanos (CCPR) e do Comitê contra a Tortura (CAT), que dispõem a possibilidade de apenas indivíduos peticionarem (art. 1 do Protocolo Facultativo ao PIDCP e o art. 22 da Convenção contra a Tortura),[74] os demais Comitês admitem a apresentação de denúncias por grupos de indivíduos.[75]

Contudo, observa-se que o CCPR, em seu Regimento Interno[76], ampliou o rol contido no tratado, haja vista que no artigo 99 "a" aponta que grupos de indivíduos também podem apresentar denúncias, sendo essa previsão corroborada por sua jurisprudência, a exemplo dos casos Isabel López Martínez e outros *vs.* Colômbia (Comunicação n.º 3076/2017) e Mikahil Timoshenko e outros *vs.* Bielorrússia (Comunicação n.º 2461/2014), em que as petições foram apresentadas em nome de grupos de indivíduos.

Apesar do texto normativo contido nos tratados e nos Regimentos Internos, a jurisprudência dos Comitês revela que pessoas jurídicas podem peticionar no Sistema Convencional, sendo essa possibilidade criada a partir da interpretação que vem sendo dada ao termo "representantes das vítimas", cujo significado abarcaria não somente familiares das vítimas, como também advogados e entidades civis.

Nesse contexto, é interessante destacar que no caso Murat Telibekov *vs.* Cazaquistão (Comunicação n.º 2687/2015),[77] o Estado questionou o fato de a petição ter sido apresentada por uma advogada em nome da vítima, tendo o CCPR afirmado que o art. 99 "b" de seu Regimento dispõe que a queixa pode ser proposta "pela vítima pessoalmente ou seu representante" e, no caso concreto, a vítima havia outorgado poderes autorizando a advogada a representá-lo, de modo que não haveria impedimento de análise da comunicação.

Em relação à representação das vítimas por entidades civis, pessoas físicas, em que pese não ter sido encontrado nenhum questionamento dos

---

[74] Assim também dispõe o art. 31.1 da Convenção Internacional contra o Desaparecimento Forçado.
[75] Comitê sobre a Eliminação da Discriminação Contra a Mulher (Cedaw), art. 1 do Protocolo facultativo; Comitê sobre a Eliminação da Discriminação Racial (Cerd), art. 14.1 da Convenção; Comitê sobre os Direitos das Pessoas com Deficiência contra (CRPD), art. 1 do Protocolo Facultativo; Comitê sobre os Direitos da Criança (CRC), art. 5 do Protocolo Facultativo à Convenção sobre os Direitos da Criança relativo ao Procedimento de Comunicações.
[76] Link de acesso no Anexo A.
[77] Decisão adotada em 13 de março de 2020.

Estados-partes compulsando a jurisprudência mais recente,[78] tal como acima ilustrado sobre a possibilidade de representação por advogados, fato é que foram registrados casos no CCPR, CRC, CRPD, CEDAW e CAT.

Nesse contexto, no CCPR, pode-se destacar o caso Simón Mora Carrero e outros *vs.* Venezuela (comunicação n.º 3018/2017), em que as vítimas foram representadas pelo Programa Venezuelano de Educação e Ação em Direitos Humanos (Provea), e o caso Bholi Pjaraka *vs.* Nepal (Comunicação n.º 2773/206), cuja representação da vítima se fez pela Organização Não Governamental (ONG) Trial Internacional. No CRC, o caso R.Y.S. *vs.* Espanha (Comunicação n.º 76/2019) e M.B.S. *vs.* Espanha (comunicação n.º 26/2017), em que os queixosos foram representados pela ONG Raízes.

Ainda, no CRPD pode-se destacar o caso V.F.C. *vs.* Espanha (Comunicação n.º 34/2015), em que a vítima foi representada pelo Comitê Espanhol de Representantes das Pessoas com Deficiência e pela Associação para Integração Laboral dos Policiais locais com Deficiência; no CEDAW, o caso S.N. e E.R. *vs.* Macedônia do Norte (comunicação n.º 107/2016), em que as vítimas foram representadas conjuntamente por um advogado e pelo Centro Europeu Roma de Direitos. Por fim, no CAT, aponta-se o caso S.P. *vs.* Austrália (comunicação n.º 718/2015), no qual a vítima foi representada por uma ONG australiana chamada *Companion House*.

Para além de quem pode peticionar ao Sistema Convencional, importa deixar assente quem pode ser considerado vítima de uma violação. Neste tema, de acordo com o Comentário Geral n.º 31 do CCPR, o termo "vítima" se refere à pessoa natural, não sendo tutelados direitos de pessoas jurídicas, embora alguns direitos possam ser desfrutados coletivamente (NACIONES UNIDAS, 2014).

Segundo o CCPR no caso Eglè Kusaitê *vs.* Lituânia (comunicação n.º 2716/2016),[79] uma pessoa só pode alegar ser vítima se efetivamente sofreu violação aos seus direitos, sendo essa uma avaliação de grau, na medida em que não pode apenas se irresignar contra uma legislação ou prática em vigor que repute contrária ao PIDCP, não servindo o meca-

---

[78] Ressalta-se que a análise jurisprudencial dos Comitês limitou-se a pesquisar essencialmente os últimos três anos, ampliando-se o lapso temporal a depender do quantitativo de petições encontradas, ou reduzindo, no caso do CCPR, haja vista que alguns órgãos ainda têm incipientes casos registrados, em razão de, entre outros possíveis fatores, terem entrado em funcionamento há menos tempo, a exemplo do CRPD.

[79] Acesso disponível no Anexo B.

nismo de queixas como *actio popularis*. Assim, o Comitê ressalva que caso o peticionante alegue a contrariedade de uma norma estatal ao PIDCP, deve demonstrar a proporção em que a referida afetou um direito seu no caso concreto.

Interessante destacar também que o CCPR entende que embora somente seja competente para receber petições de vítimas ou seus representantes, nada impede um indivíduo de alegar ofensa a um direito relativo a uma pessoa jurídica, desde que tal violação represente uma infração aos seus próprios direitos, conforme destacado em Comentário Geral n.º 31 (Naciones Unidas, 2014).

Seguindo essa orientação, no caso Isabel López Martínez e outros *vs.* Colômbia (comunicação n.º 3076/2017), com decisão proferida em março de 2020,[80] o CCPR inadmitiu o pleito dos autores especificamente em relação à violação do direito de associação do sindicato Sinaltrainal, uma vez que as vítimas arguiram ultraje não a direito próprio, mas direito que justificaram ser de titularidade da pessoa jurídica.

Já em uma posição mais vanguardista, o Comitê para Eliminação de Todas as Formas de Discriminação Racial (CERD), no caso Comunidade Judaica Trondheim e outros *vs.* Noruega[81] (Comunicação n.º 30/2003), manifestou entendimento de que o fato de os autores serem pessoas jurídicas não os desqualifica como vítimas para efeito do artigo 14 da Convenção, entendendo o Comitê que a legitimidade estava preenchida de forma a amoldar-se como grupo de indivíduos, tendo em conta a natureza das atividades da organização e a classe de pessoas que representavam.

No mencionado caso, o CERD sustentou que não caberia a interpretação de que no termo "grupo de indivíduos" haveria necessidade de cada uma das pessoas do grupo tenha sido vítima individual, posicionamento esse replicado no caso Conselho Central Alemão Sinti e Roma e outros *vs.* Alemanha (Comunicação n.º 38/2006).[82]

A legitimidade passiva, por outro lado, será do Estado-parte no respectivo tratado, pois é ele que firma o tratado internacional, obrigando-se em cumprir suas disposições (art. 14, 15 e 26 da CVDT, 1969). Assim,

---

[80] Consoante os parágrafos 1º e 3º da Comunicação, o autor Fredy Alberto Sepúlveda Pineda atuou em nome do Sindicato Nacional de Trabajadores del Sistema Agroalimentario (SINALTRAINAL), esse na qualidade de vítima coletiva.

[81] Decisão proferida em 15 de agosto de 2005.

[82] Decisão prolatada em 22 de fevereiro de 2008.

o Estado será supostamente o agente violador da norma internacional contida nos tratados do Sistema Convencional, não havendo previsão de responsabilização de indivíduos.[83]

Todavia, o ato ou omissão do caso concreto que deu ensejo à petição pode, na origem, ser perpetrado por um particular. Isso significa dizer que não somente autoridades estatais podem cometer uma violação aos direitos expressos na Convenção em voga, mas para efeito de responsabilização internacional o que se afere é se o Estado adotou ou não as medidas adequadas para garantir, prevenir e reparar os direitos humanos contidos no tratado internacional (Ramos, 2006; Trindade, 2006, Dantas, 2012).

Como leciona Trindade (2006):

> [...] Assim, ao Poder Executivo incumbe tomar todas as medidas (administrativas e outras) a seu alcance para dar fiel cumprimento às obrigações convencionais; ao Poder Legislativo incumbe tomar todas as medidas cabíveis para harmonizar o direito interno com a normativa de proteção dos tratados de direitos humanos, dando-lhes eficácia; e ao Poder Judiciário incumbe aplicar efetivamente as normas de tais tratados no plano do direito interno, e assegurar que sejam respeitadas. O descumprimento das obrigações convencionais engaja prontamente a responsabilidade internacional do Estado, por ato ou omissão, seja do Poder Executivo, seja do Legislativo, seja do Judiciário.

Ademais, conforme destacou Dantas (2012, p. 206):

> [...] o ato ou omissão denunciados podem ser não somente atos ou omissões cometidos por autoridades públicas, mas também por particulares. Isso porque os Estados são responsáveis sempre que não puserem em prática medidas para evitar atos ou omissões que violem os direitos humanos, ou medidas para punir os autores violadores de tais direitos (Conforti, 2005, p. 336). Esse também é o entendimento dado pelo HRC ao Artigo 2, em seus Comentários Gerais no 31.

Assim, são duas análises diferentes: (1) os fatos ocorridos em sua origem que violaram direito do peticionante na ordem interna; (2) o fato de o Estado não cumprir com seu dever de *corrigir, de prevenir, de reparar*

---

[83] O Estatuto de Roma de 1988, tratado que cria o Tribunal Penal Internacional, prevê a possibilidade de responsabilização internacional de indivíduos por crimes contra a humanidade, crimes de guerra, genocídio e crimes de agressão (Ramos, 2022).

a violação cometida a esse indivíduo. Esta última é a obrigação contida nos tratados internacionais que buscam a promoção e proteção dos direitos humanos.

Nessa linha, se um Estado não age adotando todas as medidas administrativas, judiciais, legislativas ou outras para garantir os direitos contidos em cada tratado internacional, não dispondo de recursos efetivos para salvaguardá-los, inclusive contra atos de particulares, infringe seu dever internacional, sendo essa interpretação sedimentada pelo CCPR no parágrafo 8º de seu Comentário Geral n.º 31.

Destarte, a legitimidade passiva sempre será do Estado-parte, enquanto a legitimidade para apresentar uma petição aos comitês de monitoramento competirá às vítimas ou seus representantes, sendo que o termo "representante" engloba tanto pessoas físicas (advogados ou não) como pessoas jurídicas (a exemplo de ONGs).

Já o vocábulo "vítima" significa, em regra, que somente o indivíduo é tutelado pelos dispositivos dos tratados de direitos humanos no Sistema Convencional, salvo em relação à Convenção sobre Eliminação de Todas as Formas de Discriminação Racial, cuja interpretação dada pelo CERD possibilita que associações civis sejam enquadradas como "grupo de indivíduos" para esse fim.

### 2.3.1.2 Requisitos objetivos de admissibilidade

Consoante Dantas (2012) e Callejon, Kemileva e Kirchmeier (2019), o procedimento de Comunicações Individuais dos Comitês é subdividido em análise de admissibilidade e mérito, podendo tais manifestações serem formalizadas em uma única decisão, dividida em duas partes, durante a sessão plenária do órgão de tratado que, via de regra, não é pública, mas realizada a portas fechadas – conforme previsão expressa, por exemplo, no artigo 5.3 do Protocolo Facultativo ao PIDCP, no artigo 107 das Regras de Procedimento do CAT e artigo 88 das Regras de Procedimento do CERD.

Na prática, verificou-se que a subdivisão tornava o procedimento mais lento, podendo levar anos para que os Comitês pudessem analisar o mérito de uma comunicação. Por conseguinte, a regra atual é o exame conjunto de admissibilidade e mérito, a não ser que expressamente entenda haver vantagem na separação (Callejon; Kemileva; Kirchmeier, 2019).

Como acima analisado, a Secretaria Geral da ONU é o órgão responsável pelo recebimento das petições individuais, avaliando se os requisitos formais no envio das petições foram observados, quais sejam: 1) estar escrito em uma das línguas oficiais da ONU; 2) estar a petição identificada e assinada; 3) conter informações detalhadas acerca dos fatos relativos ao caso; 4) demonstrar o preenchimento dos requisitos de admissibilidade em conformidade as regras do Comitê respectivo (Alves, 2008; Dantas, 2012).

Essa atribuição da Secretaria Geral da ONU está prevista nos Regimentos Internos dos Comitês, os quais dispõem, ademais, o dever de elaborar um resumo da petição recebida e preparar uma lista com todas as comunicações registradas para os Comitês respectivos, disponibilizando-a aos membros e dando publicidade, como no caso do artigo 89.2 da *Rules of Procedures* CCPR, artigo 85.1 do CERD e artigo 89 do CRPD.

Conforme os Regimentos Internos, essa análise prévia da Secretaria Geral, todavia, não retira do órgão de tratado a competência de analisar os requisitos de admissibilidade, uma vez que somente depois de registrada a petição é que o Relator ou o Grupo de Trabalho para o recebimento de comunicações[84] inicia o contraditório com o Estado-parte, requerendo que se manifeste por escrito quanto aos fatos apresentados.

Um requisito fundamental, podendo até mesmo ser considerado preliminar aos demais, é que uma denúncia só pode ser registrada se escrita em um dos idiomas oficiais das Nações Unidas[85] (Alves, 2008; United Nations, 2013). Igualmente, a apresentação de documentos escritos juntados em anexo à petição, comprovando o alegado pelas partes, deve ser traduzida em uma das línguas oficiais, sendo permitido ao peticionante formular um resumo do conteúdo dos documentos, caso eles não estejam integralmente traduzidos.

---

[84] A depender do Comitê, cria-se um Grupo de Trabalho ou designa-se um membro como relator para o exame inicial da petição e avaliação da necessidade de medidas urgentes, podendo até mesmo fazer recomendações quanto ao mérito, como no caso do CAT, conforme dispõe o art. 112 de seu Regimento Interno. No CCPR verifica-se a designação de um Relator Especial (art. 92 do *Rules of Procedure*); já o Cerd cria um Grupo de Trabalho com até cinco membros (art. 87 do Regimento Interno).

[85] Ressalta-se, todavia, que a regra é que as línguas de trabalho dos Comitês sejam inglês, espanhol e francês, de modo que as petições escritas nesses idiomas tendem a serem analisadas mais rapidamente, segundo dispõe o Folheto Informativo n.º 7 relativo ao Procedimento de Queixas Individuais. A exceção a essa previsão verifica-se no CCPR, que no art. 88 de seu Regulamento dispõe que as línguas de trabalho vão variar entre as línguas oficiais a depender da composição do comitê, no CAT, que fixa, no art. 27 de seu Regimento, que todas as línguas oficiais da ONU serão, sempre que possível, as línguas oficiais de trabalho, e no CEDAW, que também dispõe que todas as línguas oficiais da ONU serão suas línguas de trabalho (art. 24 e 26 das Regras de Procedimento).

A alternativa disponível às vítimas que não falarem os idiomas dos trabalhos dos Comitês é a elaboração de resumos dos documentos a serem enviados, com uma tradução que não precisa ser oficial, conforme orientado pelo Escritório do Alto Comissariado das Nações Unidas para os Direitos Humanos (OHCHR).[86] Dessa maneira, compreende-se que esse foi o meio adotado para diminuir o óbice linguístico na interposição das denúncias.

O único Comitê que tem alternativas de envio de petições por outros meios que não em idiomas oficiais das Nações Unidas é o Comitê sobre os Direitos da Pessoa com Deficiência (CRPD), o qual dispõe no art.55.3 c/c art.24 de seu Regimento Interno que a apresentação de queixas pode dar-se em qualquer formato acessível, como Braile, comunicação tátil, áudio e outros modos alternativos, superando, portanto, restrições ao acesso do exercício do direito de petição.

Outro requisito formal é estar a petição devidamente identificada e assinada, uma vez que todos os tratados do Sistema Convencional, bem como as Regras de Procedimentos (Regimentos) dos Comitês expressamente consignam o não recebimento de comunicações anônimas. Segundo Dantas (2012), caso o peticionante queira manter em sigilo sua identidade, pode assim requerer fundamentadamente na petição, também existindo a possibilidade de o próprio Comitê conceder de ofício.

No procedimento desenvolvido dentro do Comitê dos Direitos da Criança (CRC), a regra é que se atribua sigilo ao nome dos peticionantes, só podendo o Comitê revelar suas identidades com expressa autorização, conforme estabelecido no art. 3 de seu Regulamento, referente ao procedimento de Comunicações[87] (United Nations, 2021b).

Mesma regra de sigilo serve ao CEDAW e CERD, de modo que não pode o Comitê revelar a identidade dos peticionantes sem seu consentimento expresso, conforme disposto no artigo 58.5 das Regras de Procedimento do CEDAW, no artigo 14.6 "a" da Convenção Internacional sobre a Eliminação de Todas as Formas de Discriminação Racial (ICERD) e art. 94.1 do Regimento do CERD.

No procedimento do CRPD também existe previsão de confidencialidade, entretanto destaca-se que de acordo com o artigo 70.1 de seu

---

[86] Disponível em: https://www.ohchr.org/en/documents/tools-and-resources/form-and-guidance-submitting-individual-communication-treaty-bodies.
[87] CRC/C/158 de 2021.

Regimento Interno, há expressa menção de que uma petição só será registrada pela Secretaria Geral após o consentimento dos demandantes sobre suas identidades ao Estado demandado, a fim de dar continuidade ao processamento da queixa.

Destarte, o procedimento de queixas só se desenvolve com a revelação da identidade do peticionante ao Estado, o que se pode justificar pela necessidade de conduzir todo trâmite perante o Comitê respectivo em observância ao princípio do contraditório. Porém isso não significa que quando a Secretaria Geral der publicidade aos casos registrados, os nomes das vítimas serão revelados, conforme apontado alhures.

No que tange ao requisito da exposição cronológica dos fatos, destaca-se que o peticionante deve apontar todas as ações e as omissões estatais que tenham relação ao ocorrido e que julga serem violadoras da norma internacional prevista no tratado em voga, apontando todas as medidas adotadas na busca da solução do caso na ordem interna, bem como deve juntar à petição todos os documentos escritos que fazem prova do alegado, especialmente registros oficiais (como decisões judiciais e administrativas), e toda a legislação e demais normas nacionais aplicáveis (Dantas, 2012; United Nations, 2013).

A juntada de todos os documentos escritos que corroboram com o que o peticionante alega tem por fim não somente comprovar os fatos no juízo de mérito a ser realizado pelo Comitê respectivo, mas também evita que uma petição ou parte dela seja manifestamente inadmitida por ser infundada ou mal fundamentada (requisito formal ou objetivo de admissibilidade).

Nessa senda, sublinha-se que os requisitos objetivos ou formais de admissibilidade tendem a ser muito semelhantes em todos os comitês de monitoramento, segundo dispõem os tratados e os Regimentos Internos, quais sejam: (I) não ser manifestamente infundada ou mal fundamentada; (II) requisito temporal (*ratione temporis*); (III) ausência de litispendência internacional; (IV) não constituir em abuso ao direito de petição; (V) não ser incompatível com as disposições do tratado (*ratione materiae*); (VI) necessidade do esgotamento dos recursos internos.

Em que pese haver similitude das preliminares de mérito expressas nos tratados e Regimentos Internos dos Comitês, a jurisprudência mostra que nem sempre suas interpretações sobre os requisitos objetivos de admissibilidade são coincidentes, de forma que o autor da comunicação precisa conhecer o Comitê que irá peticionar, para garantir a análise do fundo do direito controvertido, conforme se verá no capítulo seguinte

## 2.4 O PROCEDIMENTO DE AÇÃO URGENTE NO COMITÊ CONTRA O DESAPARECIMENTO FORÇADO (CED)

Para além do mecanismo de Comunicações Individuais, o procedimento de Ação Urgente do Comitê contra o Desaparecimento Forçado (CED) também representa uma possibilidade de peticionamento direto a um Comitê onusiano.

Conforme visto no capítulo anterior, o mecanismo de Ação Urgente do CED encontra previsão no artigo 30 da Convenção Internacional contra o Desaparecimento Forçado e objetiva a rápida localização de uma pessoa desaparecida por meio de um pedido de busca realizado por seus familiares, representantes legais ou pessoas por eles autorizadas, bem como outros indivíduos com "interesse legítimo".

Consoante Frouville (2020), a experiência do Grupo de Trabalho contra o Desaparecimento Forçado das Nações Unidas, compartilhado com ONGs atuantes na temática, mostra que uma medida urgente na localização de pessoas desaparecidas é essencial para salvar vidas, uma vez que, com frequência, o desaparecimento resulta em execuções sumárias.

Apesar disso, alguns Estados relutaram contra a previsão desse procedimento específico na Convenção, em razão de justificarem não o diferenciar do mecanismo de Comunicações Individuais, e insistiram em estabelecer requisitos de admissibilidade, inclusive propondo a necessidade de esgotamento dos recursos internos (Frouville, 2020).

Nesse contexto, Sunga (2012) aponta que enquanto o objetivo do mecanismo de Ação Urgente é a rápida localização e a proteção do indivíduo, o procedimento de Comunicações Individuais almeja a responsabilização do Estado-parte por violações às disposições da Convenção. Ademais, o primeiro não exige declaração expressa do ente estatal, reconhecendo a competência do CED para receber petições individuais.

Dessa forma, é razoável supor que a razão de ser do procedimento de Ação Urgente, que não tem natureza de buscar a responsabilização do Estado no cenário internacional, é constrangê-lo politicamente a fim de que atue de forma célere na localização de um indivíduo, tutelando direitos humanos, especialmente os direitos à vida, à integridade e à liberdade, evitando desaparecimentos forçados e execuções sumárias.

De acordo com o art. 30.2 da Convenção, para que o CED examine um pedido de Ação Urgente é necessário ao peticionante preencher cinco requisitos: (I) não ser a petição manifestamente infundada; (II) não constituir em auso ao direito de petição; (III) já tenha sido o fato apresentado aos órgãos competentes do Estado-parte, como aqueles autorizados a efetuar investigações quando existir essa possibilidade; (IV) não ser incompatível com as disposições da Convenção (*ratione materiae*); (V) não trata de assunto sendo examinado por outro procedimento internacional de investigação ou de solução de mesma natureza (ausência de litispendência internacional).

Outrossim, é importante adicionar nesse rol o requisito *ratione temporis*, dado que o desaparecimento deve ter ocorrido após a entrada em vigor da Convenção, bem como o *ratione personae*, uma vez que o artigo 30 *caput*, da Convenção e artigo 61 do Regimento do CED determinam que o pedido de busca e localização da pessoa desaparecida deve ser realizado por membros de sua família ou seus representantes legais, advogados ou outra pessoa com "interesse legítimo" (United Nations, 2021c).

Para Frouville (2020, p. 596), pessoas com interesse "legítimo" são as mesmas que podem impetrar *habeas corpus* ou *habeas data* em favor da pessoa desaparecida perante os tribunais nacionais, conforme delineado nos artigos 17.2 "f", 18.1 e 20 da Convenção contra o Desaparecimento Forçado.

Logo, observa-se que os requisitos para o peticionamento no mecanismo de Ação Urgente assemelham-se às preliminares de mérito do procedimento de Comunicações Individuais, com exceção da necessidade de esgotamento dos recursos internos. A excepcionalidade decorre da própria natureza de urgência que, conforme já destacado, objetiva a busca, a localização e a rápida proteção do indivíduo. Todavia é preciso que o peticionante comprove que buscou perante as autoridades nacionais localizar a pessoa desaparecida.

Outro requisito que tem certa diferenciação em comparação às preliminares de mérito do mecanismo de Comunicações Individuais é a litispendência internacional (*lis pendes*), isso porque o CED deixa especificado em seu folheto informativo sobre Ações Urgentes[88] que o

---

[88] Disponibilizado em:https://www.ohchr.org/sites/default/files/Documents/HRBodies/CED/CED_leaflet_A4_EN.pdf.

peticionante não pode ter ingressado com a mesma demanda no Grupo de Trabalho sobre Desaparecimentos Forçados.[89]

Por sua vez, de modo análogo ao procedimento de Comunicações Individuais, a petição no mecanismo de Ação Urgente não pode ser anônima (ainda que se mantenha em sigilo o nome dos autores); deve ser escrita em uma das línguas oficiais de trabalho do Comitê;[90] deve encaminhada à Secretaria Geral da ONU por meio do endereço de e-mail do OHCHR (petitions@ohchr.org) ou pelos correios;[91] pode a Secretaria Geral requerer informações ou esclarecimentos aos peticionantes sobre fatos, identidade e interesse legítimo (United Nations, 2021c).

Igualmente, no procedimento de Ação Urgente admite-se o pedido de medidas cautelares que, no entanto, visam proteger os familiares da pessoa desaparecida (vítima), seus representantes, testemunhas do desaparecimento ou quaisquer pessoas participantes da investigação, ou mesmo qualquer elemento de prova que ajude na localização da vítima (United Nations, 2021c).

Assim, nota-se, em verdade, que tais medidas cautelares têm natureza híbrida de tutela preventiva e cautelar: preventiva do direito à segurança e à integridade das testemunhas; e cautelar em relação à efetiva localização da vítima de desaparecimento.

Em continuidade, torna-se importante frisar que apesar da semelhança de formalidades no trâmite da petição, bem como de seus requisitos de admissibilidade, no mecanismo de Ação Urgente, diferentemente das Comunicações Individuais, após as observações recebidas (ou não) do Estado-parte, o Comitê transmite suas recomendações ao Estado, permanecendo uma troca constante informações e recomendações até a localização da pessoa desaparecida (United Nations, 2010; 2021c).

Consoante o último Relatório do CED sobre o procedimento de Ações Urgentes, das 49 novas petições apresentadas entre o período de 8 de abril a 23 de setembro de 2022, apenas três foram inadmitidas por não preencherem os requisitos de admissibilidade: i) em uma o Comitê

---

[89] Como analisado no primeiro capítulo, a instituição de Grupos de Trabalho caracteriza-se como um procedimento especial a cargo do Conselho de Direitos Humanos.
[90] De acordo com seu Regimento Interno, são todos os idiomas oficiais da ONU.
[91] O endereço do Escritório do Alto Comissariado das Nações Unidas para os Direitos Humanos (OHCHR) é fornecido no guia orientativo disponível em: https://docstore.ohchr.org/SelfServices/FilesHandler.ashx?enc=6QkG1d%2FPPRiCAqhKb7yhskmsC0lQ4rZNID%2FpQKWIBVm1k5t6iVs8u1ywXp8mqUct3PLLi%2FJJRL-2SdRRPL2LE9WjONiOCcCdavMpV6E0zTYmaEX2g8sP3s3MCClhdYrHa.

considerou não haver informação suficiente para se estabelecer os fatos alegados (manifestamente infundada); ii) na segunda porque se entendeu que o fato não constituía um caso de desaparecimento nos moldes definidos na Convenção (*ratione materiae*); iii) e na terceira em razão de não ter sido o caso levado primeiramente ao conhecimento das autoridades internas competentes. Ainda, segundo o Relatório, de 2012 a 23 de setembro de 2022 já foram registradas 1.527 demandas de Ação Urgente, tendo sido localizadas 428 pessoas desaparecidas, das quais 406 com vida (United Nations, 2022).

## 2.5 CONCLUSÕES E ANÁLISE COMPARATIVA

Os procedimentos de Comunicações Individuais e de Ação Urgente dos comitês de monitoramento inserem-se no estudo e na prática de peticionamento individual dentro do Direito Internacional dos Direitos Humanos, possibilitando ao indivíduo exercer o protagonismo na defesa dos direitos humanos consagrados em tratados internacionais.

Apesar da problemática quanto à nomenclatura para definir se o mecanismo de Comunicações Individuais frente aos Comitês é uma "queixa", uma "denúncia" ou uma "comunicação", o impasse surgiu apenas para conferir aos Estados, ainda afeitos à tradicional interpretação de soberania nacional, um sentido que lhes fosse considerado mais tolerável à época, haja vista a maior intromissão em assuntos antes tidos como essencialmente "domésticos" ou internos.

Existe uma pluralidade normativa dentro do Sistema Convencional composto não somente pelos tratados internacionais e seus Protocolos Facultativos, como também por Regras de Procedimentos ou Regimentos Internos dos comitês de monitoramento que visam estabelecer os métodos de trabalho e ritos a serem seguidos no exame das comunicações individuais, bem como no procedimento de Ação Urgente.

Os Comitês onusianos tendem a apresentar os mesmos requisitos de admissibilidade de uma petição, seguindo um mesmo rito ou uma mesma lógica desde o momento da apresentação da denúncia pela vítima, variando em relação à possibilidade de intervenção de terceiros e manifestações orais (*oral hearings*).

Outrossim, é possível sinalizar que a jurisprudência dos Comitês não é uníssona, tendo em vista que o Comitê sobre a Eliminação da Discriminação racial (CERD) destaca-se por sua posição de vanguarda ao ampliar o conceito de "vítima", abrangendo não só indivíduos, pessoas físicas, como também pessoas jurídicas, a partir do significado de "grupos de indivíduos", com atenção à relevância ou à importância de sua atuação.

Por fim, o mecanismo de Ação Urgente surge como mais uma possibilidade de peticionamento direto dentro do CED e que, embora tenha requisitos de admissibilidade semelhante ao procedimento de Comunicações Individuais, busca alcançar fim distinto de reparação e responsabilização dos Estados e localizar vítimas de desaparecimento forçado por meio de um diálogo contínuo e cooperação com o Estado.

# 3

# OS REQUISITOS DE ADMISSIBILIDADE: A JURISPRUDÊNCIA DOS COMITÊS E OS CASOS BRASILEIROS

Por meio da jurisprudência dos comitês de monitoramento, apresento neste capítulo o entendimento desses órgãos quanto aos requisitos de admissibilidade de uma petição. Em sequência, trago os casos brasileiros registrados no Sistema Convencional, destacando os direitos pleiteados na denúncia e os argumentos das partes e dos Comitês quanto às preliminares de mérito.

### 3.1 REQUISITO SUBJETIVO DE ADMISSIBILIDADE: *RATIONE PERSONAE* E *STATUS* DE VÍTIMA

Para que os Comitês se manifestem acerca do mérito de uma demanda nos procedimentos de peticionamento individual, conforme visto no capítulo precedente, é necessário o preenchimento de determinados requisitos subjetivos e objetivos de admissibilidade.

Em relação aos requisitos subjetivos, dentro do mecanismo de Comunicações Individuais, a legitimidade para atuar perante os comitês de monitoramento é do indivíduo pessoa física, como regra, que pode ser representado tanto por membros de sua família ou outra pessoa com a devida autorização, como advogados ou pessoas jurídicas.

Neste ponto, é preciso esclarecer que de acordo com os tratados e os Regimentos Internos dos Comitês, caso a comunicação não seja apresentada pela própria vítima, é necessário conter a autorização dela ou, então, que reste evidente a impossibilidade de concedê-la ou justificativa da falta de consentimento.[92]

---

[92] Artigo 99, "b" do Regimento Interno do CCPR; artigo 113, "a" do Regimento Interno do CAT; artigo 5.2 do Protocolo Facultativo à Convenção sobre os Direitos da Criança Relativo a um Procedimento de Comunicações.

Tanto é assim que no caso O.H.D., O.A.D. e B.O.M. *vs.* Austrália (Comunicação n.º 3023/2017),[93] o Estado questionou a falta de legitimidade da advogada representante, tendo o Comitê de Direitos Humanos esclarecido que os autores O.A.D. e B.O.M. haviam fornecido cópias assinadas da aquiescência, bem como O.H.D. expressara consentimento em nome de N.M.T. (seu filho). Segundo o CCPR, sua prática tem reiterado a possibilidade de pais e mães representarem seus filhos sem que haja necessária autorização deles.

Ademais, esclareceu o CCPR que inicialmente as autorizações de representação das vítimas devem ser apresentadas quando da submissão da comunicação, o que, no caso, havia sido feito, de modo a cumprir o requisito de admissibilidade atinente à legitimidade, previsto no artigo 2 do Protocolo Facultativo ao Pacto e artigo 99, "b" do Regimento Interno.

No caso A.H. e S.H. *vs.* França (Comunicação n.º 933/2019),[94] o Comitê contra a Tortura igualmente ressaltou a questão da representação dos pais, destacando que os autores apresentaram cópia da certidão de nascimento de H. (seu filho) e afirmaram que ele havia dado consentimento verbal para atuar perante o Comitê. Antes, tais observações e considerando que a situação de H. lhe impedia de proporcionar uma autorização por escrito, o CAT rejeitou as alegações do Estado-parte sobre a falta de representação.

Uma peculiaridade interessante quanto à legitimidade e à consideração do *status* de vítima é o entendimento do CEDAW, haja vista que a Convenção sobre a Eliminação de Todas as Formas de Discriminação contra a Mulher busca promover e tutelar direitos de um grupo específico, o que, a priori, levaria à compreensão de que somente mulheres poderiam ser consideradas vítimas nos termos da Convenção.

No entanto, no caso Matson e outros *vs.* Canadá,[95] o CEDAW esclareceu que o artigo 2 do Protocolo Facultativo à Convenção não faz restrição de gênero quanto a quem pode submeter uma comunicação e reputar-se vítima. No caso, o peticionante e seu filho e filha eram descendentes de uma mulher indígena e por conta de uma lei discriminatória não permitia que mulheres indígenas transferissem aos seus filhos o status de pertencimento ao grupo ou determinar sua própria identidade, ao que aos homens era autorizado.

---

[93] Decisão adotada em 25 de março de 2022. Ver também Anexo B.
[94] Decisão adotada em 22 de abril de 2022.
[95] Ver Anexo B: Comunicação n.º 68/2014.

No conflito em tela, agregou o CEDAW que a legislação canadense violava diretamente o direito dos autores de determinarem sua própria identidade, ressaltando que o dano era resultado direto da discriminação de gênero contra seus ascendentes matrilineares e que o artigo 2 do Protocolo Facultativo não restringia o termo "vítima" às mulheres.

Por sua vez, ao se analisar a jurisprudência do Comitê sobre os Direitos da Criança, que igualmente abarca a tutela de um grupo específico, verifica-se que o CRC entende pelo não cabimento de serem considerados como vítimas indivíduos que já tenham atingido a idade de 18 anos. Todavia, quando porventura verificado que o autor supera tal limite etário, o CRC inadmite a comunicação citando a falta de preenchimento do requisito *ratione materiae,* por ser incompatível com as disposições da Convenção a tutela de adultos, conforme destacou no caso G.R. e outros *vs.* Suíça.[96]

Outro fator importante na consideração de quem pode alegar ser vítima de uma violação por parte do ente estatal aos direitos consagrados nos tratados monitorados pelos Comitês onusianos é a determinação da jurisdição do Estado-parte.

Nesse sentido, o CCPR, no caso Pichugina *vs.* Bielorrússia,[97] ressaltou que o artigo 1 do Protocolo Facultativo aplica-se a todas as pessoas que se encontram sob a jurisdição do Estado-parte, independentemente da sua nacionalidade. *In casu,* o Comitê rechaçou o argumento do Estado de que o autor não podia ser considerado vítima por ser polonês, já que, pelas evidências levadas para exame, contatou-se que o peticionante esteve um longo período sob a custódia e, portanto, jurisdição da Bielorrússia.

No caso Anne Nuorgame outros *vs.* Finlândia,[98] o CERD destacou que para avaliar a legitimidade dos peticionantes em submeter uma comunicação, precisava definir se eles se encontravam sob a jurisdição do Estado-parte. À vista disso, realizando remissões a entendimentos do CCPR, do Tribunal Europeu de Direitos Humanos (TEDH) e da Corte Interamericana de Direitos Humanos (CorteIDH), o CERD esclareceu que segundo o Direito Internacional, a competência jurisdicional é primariamente territorial. Todavia, em casos excepcionais, alguns atos praticados ou dos quais se produzam efeitos fora do território nacional podem constituir em exercício de jurisdição.

---

[96] Decisão emitida em 31 de maio de 2021. Ver também Anexo B: Comunicação n.º 86/2019.
[97] Decisão adotada em 07 de julho de 2021. Ver também Anexo B: Comunicação n.º 2.711/2015.
[98] Decisão adotada em 07 de maio de 2018. Ver também Anexo B: Comunicação n.º 59/2016.

Conforme destacou o Comitê, tais exceções referem-se a: (a) situações em que atos de autoridades do Estado-parte produzam efeitos fora do seu território, como no caso de agentes diplomáticos, ou quando, por consentimento, convite ou aquiescência do Governo estrangeiro, o Estado-parte exerce todos ou alguns dos poderes públicos normalmente exercidos por esse governo; e (b) quando o Estado-parte exerce controle efetivo sobre uma área fora seu território ou sobre pessoas no território de outro estado, como o TEDH considera sob controle efetivo situações comoocupação militar ou intervenção militarou quando um Estado-parte tem influência militar, política e econômica em outro Estado.

Do mesmo modo que o CERD, o Comitê sobre os Direitos da Criança, no caso Chiara Sacchi e outros *vs.* Brasil,[99] no qual os autores reclamavam violações aos direitos à vida, à saúde e ao direito de crianças de minorias étnicas de praticar sua própria cultura, em decorrência do Estado-parte supostamente não mitigar as consequências das mudanças climáticas, o CRC desenvolveu de modo exaustivo suas considerações acerca do tema da jurisdição, a fim de delimitar a capacidade dos autores de serem considerados vítimas com base na Convenção sobre os Direitos da Criança.

Nesse sentido, o CRC também buscou suporte na jurisprudência do CCPR e do TEDH referentes à jurisdição extraterritorial e examinou a problemática sob a ótica da Opinião Consultiva n.º 23/17 da CorteIDH, acerca do Meio Ambiente e dos Direitos Humanos, por ela esclarecer o estudo quanto ao alcance da jurisdição extraterritorial em relação à proteção do meio ambiente.

De acordo com o CRC, na Opinião Consultiva n.º 23/17, a CorteIDH destacou que quando ocorre um dano transfronteiriço que afete direitos convencionais (previstos no tratado), entende-se que as pessoas cujos direitos foram violados estão sob a jurisdição do Estado de origem se existir uma relação de causalidade entre o fato que se originou em seu território e o dano sofrido às pessoas que se encontram fora dele. Assim, o exercício da jurisdição surge quando o Estado de origem exerce um controle efetivo sobre as atividades praticadas (estando em posição de impedir sua ocorrência) que provocaram danos às vítimas e consequente violação a direitos humanos.

Em síntese, o CRC entendeu que quando ocorre um dano transfronteiriço, as crianças estão sob a jurisdição do Estado-parte em cujo

---

[99] Ver também Anexo B: Comunicação n.º 105/2019.

território originaram-se as emissões de carbono para os efeitos do artigo 5.1 do Protocolo Facultativo, desde que haja um vínculo causal entre as ações ou omissões do Estado-parte (que exerça um controle efetivo sobre as fontes de emissão) e o impacto negativo sobre os direitos da criança situada fora de seu território.

Por fim, resta sublinhar que no caso Anne Nuorgam e outros *vs.* Finlândia já mencionado, o CERD novamente recordou sua jurisprudência no sentido da possibilidade de uma organização ou uma associação (pessoa jurídica) ser considerada autora (vítima) de uma comunicação, uma vez que "grupos de indivíduos" estão abrangidos pelo artigo 14.1 da Convenção sobre a Eliminação de Todas as formas de Discriminação Racial.

Dessa forma, reprisa-se que o CERD tem entendimento que representa uma exceção dentro dos comitês de monitoramento, ao elastecer o conceito de vítima para além de pessoas físicas, admitindo que pessoas jurídicas possam ser consideradas vítimas de direitos humanos em determinadas circunstâncias.[100]

## 3.2 REQUISITOS OBJETIVOS DE ADMISSIBILIDADE

De acordo com os tratados e os Regimentos Internos dos Comitês, bem como sua jurisprudência, os requisitos objetivos ou formais de admissibilidade tendem a ser muito semelhantes, quais sejam: (I) não ser manifestamente infundada ou mal fundamentada; (II) requisito temporal (*ratione temporis*); (III) ausência de litispendência internacional; (IV) necessidade do esgotamento dos recursos internos; (V) não constituir em abuso ao direito de petição e/ou (VI) não ser incompatível com as disposições do tratado (*ratione materiae*).

Inicialmente, antes de prosseguir na análise dos requisitos formais é preciso esclarecer que conforme a jurisprudência dos Comitês, caso o peticionante (também chamado de "autor" da comunicação) alegue que o Estado infringiu mais de um dispositivo do tratado em sua denúncia, a aferição quanto às preliminares de mérito será feita de maneira isolada em atenção a cada uma das violações, porquanto o juízo de inadmissibilidade referente a uma infração não impede o prosseguimento no exame do fundo do direito em relação a outra.

---

[100] Conforme destacado no capítulo anterior, o Cerd ponderou a natureza das atividades da organização ou associação e a classe de pessoas que representavam.

Corroborando essa orientação, a título de exemplo aponto o caso Oleg Volchek *vs.* Bielorrússia,[101] no qual o CCPR julgou manifestamente infundadas as alegações do autor em relação aos direitos contidos nos artigos 14.1 (julgamento imparcial) e 14.5 (recurso a uma instância superior), uma vez que considerou não ter o peticionante apresentado informações ou documentos suficientes para que fosse possível ao Comitê prosseguir para um exame quanto ao mérito.[102] Porém o Comitê não rejeitou a denúncia em sua totalidade, inclusive concluindo no caso pela responsabilização do Estado-parte referente aos artigos 9.1 e 9.3 do PIDCP e ressaltando que de acordo com sua jurisprudência, o período de 48 horas é ordinariamente suficiente para apresentar uma pessoa detida a uma autoridade judicial.

### 3.2.1 Não ser a petição manifestamente infundada ou mal fundamentada

Os tratados e os Regimentos Internos dos Comitês elencam como um dos requisitos de admissibilidade não ser a petição manifestamente infundada ou mal fundamentada. Para compreender o que é considerado como manifestamente infundado (*manifestly ill-founded* ou *unfounded*) é necessário perscrutar o entendimento firmado pelos órgãos de tratados.

Nesse diapasão, a jurisprudência dos Comitês mostra que para uma comunicação ter seu mérito examinado é necessário que as informações e as alegações trazidas pelo autor tenham coerência e comprovação mínima dos fatos nos quais se embasam os direitos postos em controvérsia, não cabendo irresignações avulsas, sem quaisquer demonstrações de nexo causal entre o resultado danoso sofrido pelo autor e a conduta do Estado-parte.

Assim, no caso M.L. *vs.* Croácia,[103] o CCPR julgou inadmissível as reclamações do autor atinentes à violação do direito à vida privada, constantes no artigo 17 do Pacto, em razão de considerar que o autor não proporcionou informações suficientes para fundamentar suas alegações, reputando-as manifestamente infundadas.

---

[101] Decisão adotada em 23 de julho de 2020. Ver também **Anexo B**: Comunicação n.º 2.337/2014.
[102] Na comunicação, o autor denunciava violação ao art. 14.1; 14.3 "b"; 14.5; art. 26; art. 9.1 e 9.3 do PIDCP.
[103] Decisão adotada em 08 de novembro de 2019. Comunicação n.º 2.505/2014.

Nas circunstâncias, observa-se que nem ao narrar os fatos da comunicação ou apresentar seus argumentos na denúncia o autor apontou de que forma o Estado tinha violado seu direito previsto no artigo 17 do Pacto, limitando-se a invocar tal dispositivo juntamente aos demais artigos 2.2, 2.3 "a", 5.1 e 14.1.

Reiterando seu posicionamento no caso P.E.E.P. vs. Estônia,[104] o CCPR considerou manifestamente infundada a insurgência do autor em relação à suposta falta de imparcialidade no julgamento de seu pleito perante as autoridades nacionais, em violação ao artigo 14.1 do PIDCP, em virtude de considerar que o peticionante não explicara como isso ocorreu no caso concreto, e sublinhou que os argumentos apresentados mostravam-se intimamente ligados à suposta violação do artigo 26 (igualdade na lei), igualmente invocada na denúncia.

Interessante apontar que no caso A.B.H. vs. Dinamarca,[105] o CCPR entendeu que o autor fundamentou suficientemente para fins de admissibilidade as razões pelas quais reputava que a Dinamarca violava seu direito previsto no artigo 7 do Pacto. No caso, o peticionante temia que sua devolução ao Afeganistão o expusesse a risco de sofrer maus-tratos e tortura por ter trabalhado durante cinco anos para o serviço de inteligência afegão e para as forças armadas norte-americanas, tendo apresentado os documentos que comprovavam tais atividades. Em sentido contrário às alegações do Estado, o CCPR entendeu que o temor do autor tinha um suporte razoável.

No mesmo sentido, o CEDAW, no caso P.M.C. vs. Dinamarca,[106] considerou a petição manifestamente infundada, tendo em vista que julgou não ter a autora apresentado clareza ou detalhes sobre os fatos narrados, fazendo alegações genéricas e vagas, sem apontar quando os incidentes ocorreram ou apresentar os documentos pertinentes para subsidiar sua denúncia.

---

[104] Na queixa apresentada perante o CCPR, julgado em 13 de março de 2020, o autor alegava que o Estado havia violado seus direitos previstos nos artigos 14.1 (igualdade perante a lei) e 26 (igualdade na lei) do PIDCP, em virtude de as autoridades nacionais terem atuado com discriminação por sua origem germano-báltica, negando sua reclamação de restituição do imóvel de seu pai ou de indenização, bem como não observando o dever de imparcialidade dos tribunais. Comunicação n.º 2.682/2015.

[105] Ver também Anexo B: Comunicação n.º 2603/2015.

[106] Na comunicação, a autora imputava ao Estado o cometimento de violações a direitos contidos nos artigos 1, 2, 3, 5 e 16 da Convenção sobre a Eliminação de Todas as Formas de Discriminação contra a Mulher. Comunicação n.º 056/2013.

Igualmente, no caso M.K.A.H. *vs.* Suíça,[107] o CRC considerou que o autor não havia apresentado elementos suficientes para justificar as reclamações referentes ao direito à não discriminação, previsto no artigo 2.2 da Convenção sobre os Direitos da Criança, razão pela qual julgou essa alegação manifestamente infundada e, portanto, inadmissível.

Na mesma linha, no caso Pérez Guartambel *vs.* Equador,[108] o CERD julgou inadmissível a parte da comunicação em que o autor alegava violação ao devido processo legal no julgamento de sua apelação perante os tribunais locais. Consoante o peticionante, o Estado-parte violara seu direito porque não foi celebrada audiência nem realizadas diligências prévias solicitadas no exame de seu pleito apelatório, assim como houve falta de autonomia judicial perante o trâmite do recurso. Para o CERD, no entanto, o autor não explicou como a omissão da audiência ou diligências havia infringido seu direito a um julgamento justo, e também não tinham sido apresentadas evidências suficientes sobre a suposta falta de autonomia judicial.

### 3.2.2 Requisito *ratione temporis*

Um dos primeiros requisitos de admissibilidade a ser examinado pelos Comitês dentro do Sistema Convencional, conforme verificado pela jurisprudência, é o requisito temporal (*ratione temporis*). Sua previsão como pressuposto à análise do mérito de uma petição vem expressa no artigo referente aos critérios de admissibilidade[109] e também pode ser extraída via interpretativa da regra, determinando que nenhuma comunicação será recebida se o Estado-parte não reconhecer a competência do Comitê para examinar queixas.[110]

---

[107] O autor apresentou a denúncia afirmando que o Estado viola os direitos que lhe assistem no artigo 2.2; artigos 6, 7, 16, 22. 24, 27, 28, 29, 37 e 39 da Convenção sobre os Direitos da Criança, no caso de ser expulso à Bulgária, onde corre risco real de sofrer trato inumano e degradante. Comunicação n.º 095/2019.

[108] O autor alegava violações aos artigos 1.1, 1.2 e 1.4; artigos 2.1, "a" e 2.2; artigo 5, "a" e "d"; e artigo 9.1 da Convenção sobre a Eliminação de Todas as Formas de Discriminação contra a Mulher. A decisão sobre a admissibilidade da comunicação foi adotada em 04 de dezembro de 2019. Comunicação n.º 61/2017.

[109] Tal como consta no artigo 4.2, "c" do Protocolo Facultativo à Convenção sobre a Eliminação de Todas as Formas de Discriminação contra a Mulher e artigo 2, "f" do Protocolo Facultativo à Convenção sobre os Direitos da Pessoa com Deficiência.

[110] Consoante sublinhado no artigo 14.1 da Convenção sobre a Eliminação de Todas as Formas de Discriminação Racial.

Tal via hermenêutica coaduna-se com a regra da irretroatividade dos tratados, expressa no artigo 28 da Convenção de Viena sobre o Direito dos Tratados de 1969 (Brasil, 1989, s/p), que assim dispõe:

> A não ser que uma intenção diferente se evidencie do tratado, ou seja, estabelecida de outra forma, suas disposições não obrigam uma parte em relação a um ato ou fato anterior ou a uma situação que deixou de existir antes da entrada em vigor do tratado, em relação a essa parte.

Sublinha-se que conforme destacado nos tratados ou mesmo Regimentos Internos dos Comitês, a exemplo do artigo 2 "f" da Convenção sobre os Direitos da Pessoa com Deficiência, ainda que o fato tenha ocorrido antes da entrada em vigor do tratado, se ele continuou se desenrolando após aquela data o Comitê será competente para seu exame.

Nessa linha, o Comitê de Direitos Humanos (CCPR), no caso Ali Djahangir *vs.* Azerbaijão,[111] destacou que sua jurisprudência é sedimentada no sentido de que o Comitê é competente *ratione temporis* para examinar fatos que embora tenham ocorrido antes da entrada em vigor do PIDCP, continuem a ocorrer ou mesmo produzam efeitos após aquela data, desde que eles sejam considerados, em si mesmos, violações aos direitos previstos no tratado. Assim, enfatizou o Comitê que lhe compete avaliar se uma dada violação alegada pelo autor tem caráter continuado, por atos ou de modo implícito, após a entrada em vigor do Pacto Internacional de Direito Civis e Políticos.

Mesma orientação é encontrada no CEDAW, que no caso Matson e outros *vs.* Canadá[112] entendeu haver continuação da violação dos direitos alegados, embora o fato que lhes deu origem tenha ocorrido antes da entrada em vigor do Protocolo Facultativo.[113] Observou o CEDAW, *in casu*, que a legislação que determinou a perda do estatuto de indígena para a avó do autor produziu consequências atuais e ponderou que após o reconhecimento da competência do Comitê, em 2003, ocorreram mudanças legislativas em 2011 e 2019, perpetuando os efeitos discriminatórios.

---

[111] Ver também Anexo B: Comunicação n.º 1972/2010.

[112] A decisão do Comitê sobre admissibilidade e mérito ocorreu em 14 de fevereiro de 2022. Ver também Anexo B: Comunicação n.º 68/2014.

[113] No caso o autor alegava violações aos direitos previstos nos artigos 1, 2 e 3 da Convenção sobre a Eliminação de Todas as Formas de Discriminação contra a Mulher.

Interessante observar que no caso Kenneth McAlpine *vs.* Grã-Bretanha,[114] o CRPD observou que a Convenção sobre os Direitos da Pessoa com Deficiência só entrou em vigor para o Estado após a ocorrência do fato discriminatório alegado, ainda que a última decisão judicial sobre o caso tenha se dado posteriormente a essa data. Entendeu o CRPD que a decisão judicial, por sua natureza jurídica, não caracterizaria a perpetuação da violação, de modo que não caberia aplicar a Convenção e seu Protocolo em caráter retroativo.

Mesmo entendimento pode ser extraído do caso M.H. *vs.* Finlândia,[115] do Comitê sobre os Direitos da Criança, em que pese o autor destacar em sua narrativa decisões judiciais relativas à controvérsia em datas posteriores à entrada em vigor da Convenção e de seu Protocolo Facultativo, o CRC entendeu pela inadmissibilidade *ratione temporis*.[116]

Em sentido contrário, o CERD, no caso Zapescu *vs.* República da Moldávia,[117] sublinhou o entendimento de que apesar dos fatos ensejadores da denúncia terem ocorrido antes da entrada em vigor do tratado, as decisões judiciais que derivam diretamente de tais fatos são partes componentes deles, já que têm o condão de remediar a situação de violação. Por conseguinte, para o Comitê, se as decisões das autoridades judiciais foram adotadas após a entrada em vigor da Convenção, cumprido está o critério *ratione temporis*.

Ademais, no caso Durmic *vs.* Sérvia e Montenegro,[118] o CERD destacou que embora o incidente causador da demanda tenha ocorrido em momento anterior à declaração do Estado na forma do artigo 14 da Convenção sobre a Eliminação de Todas as Formas de Discriminação Racial,[119] a falta de condução das autoridades na investigação e a ausência de esforço do Estado-parte em proporcionar ao peticionante recursos efetivos, na forma do artigo 6 da Convenção, representavam o caráter continuado das violações denunciadas.

---

[114] Ver também Anexo B: Comunicação n.º 6/2011.

[115] Ver também Anexo B: Comunicação n.º 23/2017.

[116] Interessante destacar que na comunicação houve o registro do voto dissidente de dois membros do Comitê, em que, em síntese, sublinham que seu entendimento é no sentido de que as decisões judiciais deveriam ser consideradas como continuação da suposta violação na medida em que podem alterar e remediar os fatos que a deram lugar.

[117] Decisão adotada em 22 de abril de 2021. Ver também Anexo B: Comunicação n.º 60/2016.

[118] Decisão adotada em 06 de março de 2006. Ver também Anexo B: Comunicação n.º 29/2003.

[119] Marcador *ratione temporis*, pois expressa o reconhecimento do Comitê para receber comunicações individuais.

Mesma linha segue o CAT, que no caso Paul Zentvel *vs.* Nova Zelândia[120] ponderou que embora os maus-tratos denunciados tenham se realizado antes da entrada em vigor da Convenção contra a Tortura para o Estado, já naquela época a proibição contra a tortura e os maus-tratos tinha caráter absoluto e universalmente válido. Nesse sentido, o CAT considerou que ainda que os maus-tratos tenham ocorrido antes da entrada em vigor da Convenção para o Estado, a questão da investigação deles pelo Estado ocorreu depois, de modo que haveria competência *ratione temporis*.

### 3.2.3 Litispendência internacional

No exame da litispendência internacional, os Comitês avaliam se a demanda posta a sua apreciação foi ou está sendo examinada por outro órgão internacional de investigação ou acordo (adjudicação ou solução de controvérsias) da mesma natureza. A jurisprudência revela que existe certa dissonância na aferição desse critério, pois o CCPR tem entendimento de que é possível proceder ao juízo de mérito de uma comunicação, desde que não haja concomitância nos procedimentos. Por sua vez, os demais Comitês tendem a traçar uma distinção entre se houve ou não exame de mérito por outro órgão internacional.

Assim, para o Comitê de Direitos Humanos (CCPR) é possível que uma demanda seja examinada pelo Comitê ainda que a mesma questão já tenha sido previamente analisada por outro órgão internacional de adjudicação, basta que não haja pendência. Esse foi o entendimento do Comitê no caso Rizvan Taysumov e outros *vs.* Rússia,[121] em que foi sublinhado que o fato de uma petição ter sido apresentada ao Tribunal Europeu de Direitos Humanos (TEDH), mas declarada como inadmissível, não o impedia de analisar a comunicação já que tal procedimento já havia sido concluído.

Esse entendimento foi reforçado no caso Eglè Kusaitė *vs.* Lituânia,[122] no qual o CCPR esclareceu que o conceito de "mesmo assunto" no sentido do artigo 5.2, "a" do Protocolo Facultativo ao PIDCP, inclui a mesma queixa relativa à mesma pessoa ante outro organismo internacional. Já a proibição contida no mencionado dispositivo refere-se ao problema de

---

[120] Ver também Anexo B: Comunicação n.º 852/2017.
[121] Ver também Anexo B: Comunicação n.º 2339/2014.
[122] Caso julgado em 24/07/2019. Comunicação n.º 2716/2016.

a mesma questão estar sendo examinada de forma concomitante. Dessa feita, o CCPR concluiu que ainda que a vítima tenha submetido ao TEDH idêntica denúncia, ela já havia sido dirimida e declarada inadmissível, de modo que não haveria óbices na análise da comunicação.

Orientação semelhante foi encontrada no CERD, que no caso Koptova *vs.* Eslováquia[123] destacou que ainda que a petição apresentada ao TEDH, sobre o mesmo assunto, tivesse sido levada pelo próprio peticionante,[124] não há nada na Convenção que expressamente impeça o Comitê de examinar uma denúncia que já foi previamente analisada por outro organismo internacional.

Além disso, avançou o CERD argumentando que a apresentação simultânea de petições perante o TEDH e o Comitê envolvendo assuntos similares são fundadas em bases legais distintas, bem como buscam reparações legais diferentes, porquanto não representariam uma duplicação de demandas.

Por sua vez, adotando outro posicionamento no caso X e Y *vs.* Geórgia,[125] o CEDAW somente admitiu o recebimento da comunicação em razão de avaliar que embora a peticionante tenha apresentado anteriormente uma demanda no TEDH, os direitos substantivos alegados pela vítima eram distintos daqueles postos à apreciação do tribunal europeu.

No mesmo sentido manifestou-se o CRPD no caso V.F.C. *vs.* Espanha (Comunicação n.º 34/2015),[126] no qual destacou que quando o TEDH inadmite uma denúncia com base não só em argumentos objetivos de admissibilidade, mas também se manifesta sobre o fundo do direito, essa decisão caracteriza-se como "mesma questão" para efeitos do artigo 2 "c" do Protocolo Facultativo (litispendência internacional). Entretanto, no caso em particular, o Comitê ponderou que o TEDH foi muito sucinto em sua decisão e, sobretudo, não esclareceu sua rejeição quanto ao mérito, de modo que o Comitê entendeu que não se encontrava em posição de assegurar que a questão já havia sido analisada, ainda que de forma limitada. Por conseguinte, o CRPD procedeu no exame da comunicação, afastando a preliminar de litispendência internacional.

---

[123] Ver também Anexo B: Comunicação n.º 13/1998.
[124] No caso, uma comunicação contendo os mesmos fatos tinham sido apresentada por outros indivíduos
[125] Ver também Anexo B: Comunicação n.º 024/2009.
[126] Decisão adotada em 02 de abril de 2019.

No mesmo sentido, o CAT, no caso I.K. *vs.* Noruega,[127] considerou que a manifestação sucinta do TEDH referente ao impasse não lhe permitia verificar em que medida os fatos foram analisados pelo tribunal nem se houve exame exaustivo dos elementos relacionados ao mérito da demanda. Por conseguinte, o Comitê considerou não haver litispendência internacional, nos termos do artigo 22.5 "a" da Convenção.

O CRC, no caso E.P. e F.P. *vs.* Dinamarca,[128] destacou que em relação à reclamação de violação do artigo 6 da Convenção (direito à vida), ela coincidia em grande medida com a demanda proposta no CCPR e, por essa razão, o Comitê considerou que o art. 7 "d" do Protocolo Facultativo (litispendência internacional) não lhe permitia examinar as alegações dos autores nessa questão. Porém, em relação à alegação de violação dos artigos 3[129] e 28,[130] o CRC observou que tais insurreições não foram apresentadas ao CCPR, de modo que poderia prosseguir em relação ao mérito.

Interessante destacar com relação ao questionamento sobre quais órgãos podem ser considerados uma instância internacional de solução de controvérsias ou investigação que no caso Alberto Velásquez Echeverri *vs.* Colômbia,[131] o CCPR afirmou que o Conselho de Direitos Humanos (CDH) não é uma instância de adjudicação na forma do artigo 5.2 "a" do Protocolo Facultativo ao PIDCP, porquanto não inviabilizava o exame da petição.

### 3.2.4 Esgotamento dos recursos internos

A regra do esgotamento dos recursos internos deriva, em um contexto mais amplo, do dever de não intervenção dos Estados em suas relações internacionais, e sua prática internacional favorece um ambiente internacional mais harmônico (Trindade, 1986).

Em seu cerne, tal regra revela a natureza coadjuvante e complementar da proteção internacional dos Direitos Humanos, tendo como antecedentes a prática de represálias (nos séculos IX a XVII) e, posteriormente,

---

[127] Decisão adotada em 16 de maio de 2018. Ver também Anexo B: Comunicação n.º 678/2015.
[128] Ver também Anexo B: Comunicação n.º 33/2017.
[129] Art. 3 Todas as ações relativas às crianças, levadas a efeito por instituições públicas ou privadas de bem-estar social, tribunais, autoridades administrativas ou órgãos legislativos, devem considerar, primordialmente, o interesse maior da criança.
[130] Art. 28. 1. Os Estados Partes reconhecem o direito da criança à educação e, a fim de que ela possa exercer progressivamente em igualdade de condições esse direito, deverão especialmente: [...]
[131] Decisão adotada em 21 de julho de 2020. Ver também Anexo B: Comunicação n.º 2931/2017.

a proteção diplomática de nacionais em território estrangeiro (cláusula Calvo) (Trindade, 1986).

Sua evolução histórica revela, portanto, um caráter preventivo, *conditio sine qua non*, em demonstração de respeito à soberania, autorizando os Estados a somente tomarem como suas as queixas de seus nacionais contra Estados estrangeiros, quando verificado o exaurimento dos recursos de jurisdição interna, o que, para a Corte Internacional de Justiça, representa uma regra embasada no costume internacional (Faúndez Ledesma, 2007; Trindade, 1986).

Consoante Faúndez Ledesma (2007), o requisito do esgotamento objetiva assegurar que o próprio Estado tenha a oportunidade de remediar uma situação de violação de Direitos Humanos, caso tenha ocorrido, bem como impõe ao ente estatal o dever de garantir um aparato judicial que funcione e contemple recursos apropriados para proteger os indivíduos.

Trindade (1986) ressalta que a regra do esgotamento dos recursos internos, verificada contemporaneamente nos tratados de Direitos Humanos, não deve ser aplicada com o mesmo rigor que no contexto de proteção diplomática, haja vista que a nacionalidade não é relevante para o exercício da proteção de direitos fundamentais do indivíduo, revelando-se mais como uma objeção de caráter dilatório, de natureza processual.

Ademais, destacou Trindade (1998, p. 17) que o tema do esgotamento dos recursos internos tem sido objeto de construção jurisprudencial, indicando que a *rationale* na proteção dos Direitos Humanos vem embasada, dentre outros pontos, no teste da eficácia dos recursos internos disponíveis, bem como na distribuição (*shifting*) entre as partes do ônus de provar o exaurimento desses recursos perante o órgão internacional, "com maior ônus recaindo nos Estados demandados".

Nesse contexto, no caso Tharu e Kamari Tharuni *vs.* Nepal,[132] o CCPR recordou sua jurisprudência no sentido de que não é necessário esgotar os recursos internos perante órgãos não judiciais para cumprir os requisitos do artigo 5.2 "b" do Protocolo Facultativo.[133] Assim, o Comitê refutou o argumento do Estado de que o autor não havia esgotado os recursos internos, concluindo que a Comissão da Verdade e Reconciliação (órgão de justiça de transição) não constituiria um recurso efetivo para os autores.

---

[132] Decisão adotada em 14 de março de 2022. Ver também Anexo B: Comunicação n.º 3199/218.

[133] O artigo 5.2, "b" dispõe que o Comitê não examinará nenhuma comunicação sem se certificar que o indivíduo esgotou os recursos internos disponíveis, sendo **essa** regra inaplicável quando da aplicação desses recursos é injustificadamente prolongada.

No caso B.D.K. e outros *vs.* Canadá,[134] o CCPR observou que de acordo com o Estado-parte, as reivindicações da autora nos termos do artigo 13 do Pacto[135] deviam ser consideradas inadmissíveis porque ela poderia ter contestado sua situação em âmbito interno por meio de um pedido de autorização, solicitando revisão judicial ao Tribunal Federal. Todavia avaliou o Comitê que o recurso proposto pelo Estado-parte não cobria todos os aspectos das reivindicações da autora na forma do mencionado dispositivo e, portanto, não lhe impedia de examinar o mérito de sua queixa.

Ademais, com relação aos demais direitos reivindicados pela autora em sua comunicação, o CCPR observou que o Canadá não contestou o esgotamento dos recursos internos, por conseguinte não havia impedimento ao exame do mérito.

No caso Postnov *vs.* Bielorrúsia,[136] o CCPR ressaltou que o Estado-parte alegou ser a petição inadmissível por falta do esgotamento dos recursos internos, sem, contudo, informar quais seriam os recursos disponíveis que não foram exauridos pelo peticionante. Nessas circunstâncias, segundo o Comitê, o artigo 5.2 "b" de seu Protocolo Facultativo não lhe eximia de aferir o mérito da demanda.

Assim, segundo a jurisprudência do CCPR nota-se: (i) que recursos que não contemplem em sua integralidade todos os direitos pleiteados pelo autor, nos termos do tratado internacional, não constituem um recurso eficaz; (ii) o exaurimento de vias adminstrativas não é um imperativo na regra do esgotamento dos recursos internos; (iii) o ônus de provar que existem recursos internos disponíveis e não utilizados pelo peticionante é do Estado-parte demandado.

Interessante ainda destacar que no caso Seylum *vs.* Bielorrúsia,[137] o CCPR ratificou sua jurisprudência no sentido de que a interposição de pedidos de revisão de uma decisão judicial ao presidente de um tribunal cujo juízo seja discricionário, constitui um recurso extraordinário, sendo necessário que o Estado-parte demonstre que existe um perspectiva razoável de ser esse um meio eficaz nas circunstâncias do caso. No respectivo impasse, o CCPR entendeu que a Bielorrúsia não havia apresentado

---

[134] Decisão adotada em 19 de março de 2019. Ver também Anexo B: Comunicação n.º 3041/2017.
[135] O artigo 13 do PIDCP assim dispõe: "Um estrangeiro que se ache legalmente no território de um Estado-parte do presente Pacto só poderá dele ser expulso em decorrência de decisão adotada em conformidade com a lei e, a menos que razões imperativas de segurança nacional a isso se oponham [...]".
[136] Ver também Anexo B: Comunicação n.º 2361/2014.
[137] Ver também Anexo B: Comunicação n.º 2840/2016.

qualquer prova nesse sentido e, por conseguinte, o Comitê considerou terem sido esgotados os recursos internos eficazes.

Nessa linha, o Comitê sobre os Direitos da Pessoa com Deficiência (CRPD), no caso V.F.C. *vs.* Espanha,[138] citando a jurisprudência do CCPR, sublinhou que somente os recursos que tenham possibilidades razoáveis de prosperar é que devem ser esgotados pelo peticionante, na forma do artigo 2 "d" do Protocolo Facultativo.[139] *In casu*, o Estado-parte não esclareceu em que medida a apresentação de um recurso de nulidade perante o Superior Tribunal de Justiça da Catalunha tinha alguma chance de prosperar, haja vista que já havia se pronunciado sobre as queixas do autor. Assim, o CRPD concluiu que o peticionante cumpriu com o requisito do esgotamento dos recursos internos, uma vez que o Estado-parte falhou em demonstrar que nas circunstâncias do caso, a ação de nulidade era um recurso efetivo para proteger os direitos invocados pelo autor perante o Comitê.

No caso Rékasi *vs.* Hungria,[140] o CRPD sublinhou que o Estado-parte alegou a falta de esgotamento dos recursos internos sem, no entanto, especificar quais recursos deviam ter sido apresentados pela autora para atender às reclamações levadas ao Comitê. Por conseguinte, o CRPD concluiu que a autora não tinha recursos internos efetivos para buscar a proteção dos direitos alegados com base no artigo 12.3, 12.4 e 12.5 da Convenção.[141]

Na mesma linha, no caso N.R. *vs.* Paraguai,[142] o CRC sublinhou que o Estado-parte não especificou como um possível (novo) recurso apresentado à Suprema Corte de Justiça podia ser considerado efetivo e adequado às circunstâncias do autor. Por consequência – e observando as informações prestadas pela parte –, o Comitê considerou terem sido esgotados os recursos internos para efeito de admissibilidade da comunicação.

Seguindo uma direção um tanto distinta das ao norte apresentadas, o CEDAW destacou, no caso A. *vs.* Federação Russa,[143] que o Estado-parte

---

[138] Ver também Anexo B: Comunicação n.º 34/2015.

[139] Segundo dispõe o artigo 2, "d" do Protocolo Facultativo à Convenção Internacional sobre os Direitos das Pessoas com Deficiência, o Comitê "considerará inadmissível a comunicação quando não tenham sido esgotados todos os recursos internos disponíveis, salvo no caso em que a tramitação desses recursos se prolongue injustificadamente, ou seja, improvável que se obtenha com eles solução efetiva".

[140] Decisão adotada em 06 de setembro de 2021. Comunicação n.º 44/2017.

[141] No caso, a autora denunciava o Estado por violações aos artigos 3 (princípios gerais) e 12.3, 12.4 e 12.5 (reconhecimento igual perante a lei) da Convenção Internacional sobre os Direitos da Pessoa com Deficiência.

[142] Decisão adotada em 03 de fevereiro de 2020. Ver também Anexo B: Comunicação n.º 30/2017.

[143] Decisão adotada em 23 de fevereiro de 2022. Ver também Anexo B: Comunicação n.º 137/2018.

não questionou a afirmação da autora de que os recursos internos tinham se esgotado. Porém observou, por meio das informações prestadas pela peticionante, que o mérito das questões levadas ao Comitê não tinham sido apreciados pelos tribunais internos, e nesse diapasão recordou sua jurisprudência no sentido de ser necessário que o mérito tenha sido enfrentado em nível nacional, proporcionando às autoridades ou aos tribunais a oportunidade de examiná-las.

Por conseguinte, o CEDAW concluiu pela inadmissibilidade do pleito em razão da falta de esgotamento dos recursos internos, mesmo não tendo o Estado-parte questionado a afirmação da autora quanto ao seu exaurimento.

Já no caso K.I.A. *vs.* Dinamarca,[144] o CEDAW também destacou o fato de que o Estado-parte não refutou a admissibilidade da comunicação com base na falta de esgotamento dos recursos internos, pautando sua análise nas informações prestadas pela autora. Nessa senda, o CEDAW notou que conforme os dados apresentados pela peticionante, a decisão do órgão em que ela tinha pleiteado sua queixa não era sujeita a recurso perante os tribunais nacionais. Assim, ante tais considerações, o CEDAW concluiu que estava preenchido o mencionado requisito de admissibilidade.

Dessa feita, observa-se que o CEDAW, em que pese o Estado-parte não arguir a falta do esgotamento dos recursos internos, não considera como preclúida e aceita essa condição para prosseguir ao exame do mérito. Seu posicionamento é no sentido de averiguar detidamente a afirmação prestada pela autora, com base nas informações prestadas sobre os recursos interpostos.

Dentro da jurisprudência do Comitê para Eliminação de Todas as Formas de Discriminação Racial, destaca-se o caso Pérez Guartambel *vs.* Equador,[145] no qual o CERD considerou atendido o requisito do esgotamento dos recursos internos, visto que o autor havia exaurido com os recursos disponíveis na via ordinária. No caso, o peticionante afirmou ter esgotado os recursos internos, esclarecendo que tinha apresentado uma reclamação de proteção constitucional para efetuar o registro de seu matrimônio indígena e concessão de visto de reunificação familiar, bem como intentado uma apelação da decisão.

---

[144] Decisão adotada em 04 de novembro de 2019. Ver também Anexo B: Comunicação n.º 82/2015.
[145] Ver também Anexo B: Comunicação n.º 61/2017.

Porém, segundo o Estado do Equador, o peticionante não tinha preenchido esse requisito de admissibilidade, já que não tinha ingressado com uma demanda na Corte Constitucional. Assentou o CERD, no entanto, que também considerou relevantes as informações do autor de que tal ação extraordinária na Corte Constitucional levaria aproximadamente cinco anos e que os recursos razoavelmente disponíveis e eficazes de jurisdição interna tinham sido exauridos, na forma do artigo 14.2 da Convenção.

Nesse espeque, sinaliza-se para a compreensão de que os recursos internos que precisam ser esgotados na via doméstica do Estado-parte são os ordinários.

Por fim, sublinha-se que no caso I.K. *vs.* Noruega,[146] o CAT destacou que, consoante sua jurisprudência, uma vez esgotado sem sucesso um recurso, não deve ser obrigatório, para os fins do artigo 22.5 "b", da Convenção, exaurir outros meios fundamentais voltados para o mesmo fim e que, em todo caso, não ofereceriam maiores chances de sucesso.

*In casu*, o CAT obervou que o autor havia apresentado uma reclamação a um órgão civil norueguês e também interposto recurso, sendo que a decisão do pleito apelatório pelo diretor-geral do Ministério Público era impassível de revisão por outra autoridade pública.

De acordo com os argumentos do Estado-parte, o autor não havia esgotado os recursos internos, pois ele poderia ter ingressado com uma queixa privada contra os agentes suspeitos quando o diretor-geral do Ministério Público decidiu não investigar o assunto, bem como podia ter apresentado uma denúncia diretamente na polícia ou peticionado na via ordinária civil, pleiteando uma indenização do Estado.

Assim, observa-se que o Estado-parte alegou a falta de esgotamento dos recursos internos apontando efetivamente quais os recursos disponíveis ao autor para remediar a situação no âmbito interno. No entanto, em uma linha diferente do apontado pelos órgãos de tratados destacados, que sublinham a necessidade de o Estado indicar quais seriam os recursos a serem exauridos, a fim de considerar válida tal objeção, o CAT rejeitou o argumento do Estado. Ademais, segundo sublinhou o Comitê, não havia necessidade de esgotar todos os meios administrativos ou judiciais internos disponíveis antes de apresentar uma denúncia ao Comitê.

---

[146] Ver também Anexo B: Comunicação n.º 678/2015.

### 3.2.5 Não constituir em abuso do direito de petição

Ao fixarem a competência dos Comitês para examinar denúncias de vítimas de direitos humanos, os tratados do Sistema Convencional geralmente preveem todos os requisitos de admissibilidade de uma comunicação, elencando entre eles não ser a petição considerada um "abuso de direito", regra essa que normalmente vem expressa em conjunto com outra preliminar de mérito, de não ser a denúncia incompatível com as disposições do tratado (*ratione materiae*).

Nesses termos, aparece no artigo 3 do Protocolo Facultativo ao Pacto Internacional de Direitos Civis e Políticos que o "Comitê declarará inadmissíveis as comunicações apresentadas, em virtude do presente Protocolo, que sejam anônimas ou cuja apresentação considere constituir um abuso de direito ou considere incompatível com as disposições do Pacto" (BRASIL, 2009b, s/p).

Semelhante previsão está contida no art. 7.1 "c" do Protocolo Facultativo à Convenção sobre os Direitos da Criança relativo ao Procedimento de Comunicações, estabelecendo ser inadmissível toda comunicação que "constituir um abuso do direito de apresentar comunicações ou for incompatível com as disposições da Convenção e/ou de seus Protocolos Facultativos" (BRASIL, 2009b, s/p).

Já com relação à competência do CERD para o recebimento de comunicações, a Convenção contra Todas as Formas de Discriminação Racial não elenca todos os requisitos de admissibilidade de uma comunicação, sendo eles definidos no art. 91 de seu Regimento Interno, em que igualmente se prevê nas alíneas "c" e "d", respectivamente, não ser a petição incompatível com as disposições da Convenção ou constituir em um abuso de direito.

No entanto, para compreender o conteúdo do que seria considerado um abuso de direito de submeter uma comunicação, é fundamental mirar a jurisprudência dos comitês de monitoramento.

Nesse sentido, ressalta-se que no caso Ramil Kaliyev *vs.* Rússia,[147] o CCPR esclareceu que pode constituir em abuso de direito apresentar uma petição cinco anos depois do esgotamento dos recursos internos ou, ainda, três anos depois da conclusão de outro procedimento internacional, ao menos que tal demora seja justificada pelas circunstâncias do caso.

---

[147] Decisão adotada em 08 de novembro de 2019. Ver também Anexo B: Comunicação n.º 2977/2017.

No caso Eglè Kusaitê *vs.* Lituânia,[148] bem como no caso Bholi Pharaka *vs.* Nepal,[149] o CCPR ressaltou que não constitui em abuso no direito de submeter uma comunicação a divergência entre as partes quanto ao direito aplicado aos fatos da causa. Na primeira controvérsia, o Estado argumentou que a petição seria inadmissível por constituir "abuso", pois a informação apresentada pelo peticionante dava-se com base em uma dada interpretação da lei que não seria correta e, portanto, seria propositalmente enganosa.

Assim, verifica-se que o conteúdo do requisito de admissibilidade de "não constituir a comunicação em abuso no direito de submeter uma comunicação" é definido jurisprudencialmente, não tendo uma interpretação definida ou restrita.

### 3.2.6 Não ser incompatível com as disposições do tratado (*ratione materiae*)

Por fim, quanto à preliminar de mérito de não ser a petição incompatível com as disposições do tratado (requisito *ratione materiae*), ela refere-se ao exame de congruência entre os direitos invocados pelo peticionante e aqueles protegidos pelo tratado em voga.

Assim, no caso G.R. e outros *vs.* Suíça,[150] o Comitê sobre os Direitos das Crianças (CRC) considerou inadmissível *ratione materiae* a parte da comunicação que se referia às alegações de violações em relação aos pais das crianças, posto ser incompatível com as disposições do tratado a tutela de direitos conferidos a pessoas adultas.

Já o CCPR, no caso O.H.D., O.A.D. e B.O.M. *vs.* Austrália,[151] consignou ser incompetente para apreciar as violações que o autor alegava em face da Convenção sobre os Direitos da Criança e da Convenção sobre o Status dos Refugiados. Outrossim, também enfatizou que é inadmissível *ratione materiae* a alegação de violação ao artigo 2 do PIDCP, posto que prevê uma obrigação geral aos Estados-partes, não podendo ser invocado isoladamente.

---

[148] Decisão adotada em 24 de julho de 2019. Ver também Anexo B: Comunicação n.º 2716/2016.
[149] Decisão adotada em 15 de julho de 2019. Ver também Anexo B: Comunicação n.º 2773/2016.
[150] Decisão emitida em 31 de maio de 2021. Ver também Anexo B: Comunicação n.º 86/2019.
[151] Decisão adotada em 25 de março de 2022. Ver também Anexo B: Comunicação n.º 3023/2017.

Na mesma linha, o Comitê de Direitos Humanos, nos casos Lukpan Akhmedyarov *vs.* Cazaquistão[152] e Tatiana Reviako *vs.* Bielorrússia,[153] entendeu pela impossibilidade de invocação do artigo 2 do Pacto como norma suscetível de ser violada pelo Estado-parte em uma denúncia.

No caso Vladimir Malei *vs.* Bielorrússia,[154] o CCPR agregou ainda que o artigo 2 não pode ser alegado conjuntamente a outros artigos do Pacto para fundamentar uma comunicação, a não ser que o descumprimento do Estado com relação aos deveres gerais disciplinados represente a causa direta de uma violação manifesta do Pacto, afetando diretamente a vítima.

## 3.3 OS CASOS BRASILEIROS NOS COMITÊS DE MONITORAMENTO

Com o fim de explanar como se desenvolve o procedimento de Comunicações Individuais nos comitês de monitoramento, sobretudo destacando os requisitos de admissibilidade de uma petição, apresento, em apartada síntese, todos os casos contenciosos brasileiros já examinados pelos órgãos de tratados. Adicionalmente, analiso o único caso brasileiro submetido ao mecanismo de Ação Urgente no Comitê contra o Desaparecimento Forçado (CED), haja vista que igualmente representa a possibilidade de peticionamento individual dentro do Sistema Convencional.

Apesar de o Brasil já estar submetido à competência dos comitês de monitoramento para análise de Comunicações Individuais há mais de 20 anos (CERD, CCPR, CAT e CEDAW), apenas cinco petições individuais[155] foram registradas no sistema, sendo que apenas duas tiveram análise de mérito: caso Alyne Pimentel, no CEDAW, e caso Lula da Silva, no CCPR. As demais comunicações têm em comum a inadmissibilidade em razão de não preencherem a preliminar referente à necessidade de esgotamento dos recursos internos.

Por sua vez, conforme a base de dados do Comitê sobre o Desaparecimento Forçado, a única petição brasileira registrada no mecanismo de Ação Urgente próprio do CED é caso o Davi Santos Fiuza.[156]

---

[152] Ver também Anexo B: Comunicação n.º 2535/2015.
[153] Ver também Anexo B: Comunicação n.º 2455/2014.
[154] Ver também Anexo B: Comunicação n.º 2404/2014.
[155] Disponível em: https://tbinternet.ohchr.org/_layouts/15/treatybodyexternal/TBSearch.aspx?Lang=en.
[156] Ação Urgente n.º 61/2014. Disponível em: https://www.ohchr.org/sites/default/files/Documents/HRBodies/CED/UA_List_registered_requests.xlsx.

Nesse contexto, restringindo-se a análise dos critérios de admissibilidade das comunicações, inicio o estudo dos casos brasileiros começando pelos casos que tiveram seu exame de fundo negado: caso S.C *vs.* Brasil e caso F.O.F *vs.* Brasil, apresentados no CRPD; caso Chiara Sacchi, Greta Thunberg e outros *vs.* Brasil (e outros) no CRC. Na sequência, analiso os casos que obtiveram seu mérito apreciado pelos órgãos de tratados: Lourdes da Silva Pimentel *vs.* Brasil, no CEDAW, e caso Lula da Silva *vs.* Brasil no CCPR.

Em desfecho, examina-se o caso Davi Santos Fiuza *vs.* Brasil, destacando-se os requisitos necessários para o peticionamento ao CED, com o fim de busca e localização de uma pessoa desaparecida na sistemática do mecanismo Ação Urgente.

### 3.3.1 Caso S.C. *vs.* Brasil[157]

O caso S.C. contra Brasil foi registrado no Comitê sobre os Direitos das Pessoas com Deficiência (CRPD) no dia 02/11/2012. Conforme consta na base jurisprudencial de dados dos Comitês,[158] o CRPD analisou a petição dois anos depois, no dia 02/10/2014, inadmitindo a queixa por falta do esgotamento dos recursos internos.

A autora da comunicação denunciou o Brasil por violação aos direitos contidos no artigo 3 "b" e "e" (princípios gerais à não discriminação e à igualdade de oportunidades); artigo 4.1 "a", "b", "d" e "e" (obrigações gerais);[159] artigo 5.1 e 5.2 (direito à igualdade e à não discriminação); e artigo 27.1 "a" e "b" (direito ao trabalho e ao emprego) da Convenção Internacional sobre os Direitos das Pessoas com Deficiência.

---

[157] Ver também Anexo B: Comunicação n.º 10/2013.
[158] Ver também Anexo B.
[159] Artigo 4.1. Os Estados Partes se comprometem a assegurar e promover o pleno exercício de todos os direitos humanos e liberdades fundamentais por todas as pessoas com deficiência, sem qualquer tipo de discriminação por causa de sua deficiência. Para tanto, os Estados Partes se comprometem a:
a) Adotar todas as medidas legislativas, administrativas e de qualquer outra natureza, necessárias para a realização dos direitos reconhecidos na presente Convenção.
b) Adotar todas as medidas necessárias, inclusive legislativas, para modificar ou revogar leis, regulamentos, costumes e práticas vigentes, que constituírem discriminação contra pessoas com deficiência.
d) Abster-se de participar em qualquer ato ou prática incompatível com a presente Convenção e assegurar que as autoridades públicas e instituições atuem em conformidade com a presente Convenção.
e) Tomar todas as medidas apropriadas para eliminar a discriminação baseada em deficiência, por parte de qualquer pessoa, organização ou empresa privada (Convenção sobre os Direitos das Pessoas com Deficiência (Decreto n.º 6.949, de 25 de agosto de 2009).

Entre os argumentos da autora, o Estado brasileiro violou seus direitos assegurados na Convenção porque as medidas adotadas por seu empregador (Banco do Brasil) e apoiadas pelos tribunais nacionais limitavam as oportunidades das pessoas com deficiência, destacando que a política interna do Banco do Brasil fomentava a discriminação ao determinar que se rebaixasse a categoria de todo empregado sob licença médica durante mais de três ou mais de seis meses. Ainda, alegou a peticionante que o Estado violou seu direito ao trabalho e emprego na medida em que sofreu discriminação vinculada às suas condições laborais.

Em suas observações apresentadas ao Comitê sobre a admissibilidade da petição, o Brasil defendeu que a comunicação era inadmissível *ratione materiae*, porque a autora não teria uma deficiência segundo a definição da Convenção Internacional sobre os Direitos das Pessoas com Deficiência (Brasil, 2009a). Arguiu que enquanto a Convenção define a deficiência como uma incapacidade em longo prazo, os profissionais do Instituto Nacional do Seguro Social (INSS) diagnosticaram a autora com uma incapacidade temporária.

O Estado brasileiro também aduziu ser a comunicação inadmissível, porquanto a autora não havia fundamentado suficientemente suas alegações de que a política de rebaixamento era discriminatória, haja vista que ela se aplicava indistintamente a todos os empregados do banco, arguindo, por fim, a falta de esgotamento dos recursos internos, pois a autora apresentou uma demanda sobre sua redução salarial, mas não sugeriu perante os tribunais que o rebaixamento de sua categoria estava relacionado a sua condição de pessoa com deficiência.

Nesse impasse, o CRPD, em relação à preliminar *ratione materiae*, enfatizou que segundo o art. 1 da Convenção, pessoas com deficiência

> [...] são aquelas que têm impedimentos de longo prazo de natureza física, mental, intelectual ou sensorial, os quais, em interação com diversas barreiras, podem obstruir sua participação plena e efetiva na sociedade em igualdades de condições com as demais pessoas (parágrafo 6.3).

Assim, de acordo com o CRPD, o caso posto sob sua análise permitia que o Comitê chegasse ao entendimento de que o impedimento físico da autora, ao interagir com outras barreiras, impedia-lhe de fato de participar de forma plena e efetiva na sociedade, em igualdade de condições com as demais pessoas.

Conforme o CRPD, a diferença entre enfermidade e deficiência é uma diferença de grau e não de caráter. Segundo o Comitê, um problema de saúde que em princípio se considera uma doença pode se converter em uma deficiência no contexto das "incapacidades", em consequência da duração ou de seu caráter crônico. Portanto, num modelo de deficiência baseado nos direitos humanos, exige-se que se leve em conta tanto a diversidade de pessoas com deficiências (considerando "i" do preâmbulo)[160] quanto a interação entre as pessoas com deficiência e as barreiras oriundas das atitudes e entorno (considerando "e" do preâmbulo).[161] Dessa forma, o CRPD concluiu que em relação ao requisito *ratione materiae* não havia óbices ao prosseguimento do mérito da comunicação (parágrafo 6.3).

Quanto às alegações do Estado brasileiro de que a política de rebaixamento de categoria do banco aplica-se a todos os empregados que estiveram em licença médica durante mais de três meses, independente do motivo da licença, o CRPD ressaltou que a discriminação pode ser consequência do efeito discriminatório de uma norma ou medida aparentemente neutra, ou sem intenção discriminatória, mas que afeta desproporcionalmente as pessoas com deficiência. Por conseguinte, o Comitê considerou que o ponto controvertido era se ao exigir o rebaixamento de categoria das pessoas que estavam em gozo de licença médica durante mais de 90 dias, a política do banco causou um dano desproporcional à autora. Assim, o Comitê considerou a petição suficientemente fundamentada (parágrafo 6.4)

Em desfecho, o CRPD observou a alegação do Estado de que não houve o esgotamento dos recursos internos, uma vez que a autora não suscitou perante os tribunais brasileiros que o seu rebaixamento de categoria no banco estava relacionado a alguma deficiência.

Nesse contexto, o Comitê tomou nota de que a autora informou que apresentou recurso ao Tribunal Superior do Trabalho (TST) com alegações relacionadas a direitos previstos na Convenção e que ele fora rejeitado sem exame de mérito porque a peticionante não estava representada por um advogado como exige a lei.

---

[160] "i) *Reconhecendo* ainda a diversidade das pessoas com deficiência;" (Decreto n.º 6.949, 2009; Preâmbulo).

[161] "e) *Reconhecendo* que a deficiência é um conceito em evolução e que a deficiência resulta da interação entre pessoas com deficiência e as barreiras devidas às atitudes e ao ambiente que impedem a plena e efetiva participação dessas pessoas na sociedade em igualdade de oportunidades com as demais pessoas" (Decreto n.º 6.949, 2009; Preâmbulo).

O CRPD também levou em consideração as informações prestadas pela autora de que ela havia solicitado assistência jurídica gratuita, tendo sido negada pelo não preenchimento dos requisitos legais, bem como ao entrar em contato com um advogado privado, ele recusou-se a assumir o caso.

Nesse sentido, o Comitê destacou que a autora não fundamentou o porquê por não ter outras opções para constituir um advogado privado distinto e, em tais circunstâncias, concluiu que não podia examinar o mérito da comunicação pela falta de exaurimento dos recursos internos, na forma do art. 2 "d" do Protocolo Facultativo (parágrafo 6.5).

Assim, verifica-se que tal como o CEDAW, o CRPD analisa detidamente as informações prestadas pelo peticionante a fim de verificar se houve de fato tentativa de exaurir os recursos internos disponíveis e eficazes à solução do caso, independentemente de a objeção do Estado ser sucinta ou precariamente fundamentada.

### 3.3.2 Caso F.O.F. *vs.* Brasil[162]

O caso F.O.F. *vs.* Brasil foi registrado no CRPD no dia 21 de dezembro de 2016, tendo o Comitê deliberado sobre a denúncia em seu 23º período de sessões, adotando sua decisão em 02 de setembro de 2020.

O autor da comunicação denunciou o Brasil por violações aos artigos 2, 5, 13, 17, 25 e 27.1 "a", "b" e "i" da Convenção, relativos aos direitos à não discriminação, acesso à justiça, proteção à integridade, direito à saúde e ao trabalho.

Outrossim, o peticionante solicitou a adoção de medidas cautelares para que seu empregador efetuasse ajustes em sua jornada de trabalho, para que ele pudesse realizar fisioterapia, prevenindo a deterioração de sua saúde.

No dia 16 de março de 2017, o Relator Especial para o exame de comunicações, atuando em nome do CRPD, requisitou ao Estado brasileiro a adoção de medidas cautelares, no entanto elas não foram atendidas, de modo que em 03 de abril de 2018, elas foram novamente solicitadas.

Ao analisar os requisitos de admissibilidade da comunicação, o CRPD sublinhou que o Estado argumentou que o peticionante não esgotou os

---

[162] Ver Anexo B: Comunicação n.º 40/2017.

recursos internos, porém não apontou quais seriam as vias que o autor deixou de utilizar (parágrafo 8.3).

De outra sorte, ponderou a informação prestada pelo autor de que ainda que pudesse haver outros recursos disponíveis, esses poderiam prolongar-se injustificadamente ou seria pouco provável que evitassem a deterioração de sua saúde, bem como não justificou porque não ingressou com uma demanda judicial quando foi informado pelo Ministério Público do Trabalho que sua demanda devia ser apresentada via judicial, não administrativa.

Levando em conta as considerações ao norte, o CRPD recordou sua jurisprudência, bem como a do Comitê de Direitos Humanos (CCPR),[163] segundo a qual, ainda que não haja necessidade de esgotamento de recursos que não tenham possibilidades razoáveis de prosperar, o peticionante deve exercer a diligência devida para socorrer-se dos recursos disponíveis e que meras dúvidas ou suposições de sua inefetividade não eximem o autor de persegui-los (parágrafo 8.4).

No caso, o CRPD observou que o autor apresentou uma reclamação no Ministério Público do Trabalho, relatando a falta de ajustes razoáveis, a fim de possibilitá-lo a realizar fisioterapia, tendo sido informado que a via adequada para seu pleito era judicial, não administrativa. Contudo o peticionante não levou o assunto aos tribunais. Por conseguinte, o CRPD concluiu que não houve o esgotamento dos recursos internos com relação aos artigos 17, 25 e 27.1 "i" c/c artigo 2 da Convenção (parágrafos 8.4 e 8.5)

Em relação aos demais pleitos do autor, o CRPD concluiu pela sua inadmissibilidade, em virtude de estarem as alegações precariamente fundamentadas, com narrativa genérica e sem maiores explicações de como ele teria sido afetado pelas condutas do Estado ou como as decisões judiciais violaram seus direitos.

Com efeito, recordou o CRPD que, segundo a sua jurisprudência, cabe aos tribunais nacionais avaliarem fatos e provas, devendo o Comitê excepcionalmente fazer esse exame quando restar evidente, no caso

---

[163] O CRPD citou os casos D. L. vs. Suécia (Comunicação n.º 31/2015); E.O.J. e outros vs. Suécia (Comunicação n.º 28/2015); bem como mencionou os casos García Perea e García Perea vs. Espanha (Comunicação n.º 1511/2006), Zsolt Vargay vs. Canadá (Comunicação n.º 1639/2007) e V. S. vs. Nova Zelândia (comunicação n.º 2072/2011) do Comitê de Direitos Humanos.

particular, que os órgãos locais atuaram de forma arbitrária ou de modo equivalente a uma denegação de justiça (parágrafo 8.7).[164]

Interessante destacar que não houve qualquer manifestação do CRPD quanto ao não atendimento pelo Brasil das solicitações de medidas provisórias não atendidas. Sobretudo, chama a atenção que o Comitê, apesar de constatar que o Estado não indicou quais os recursos deveriam ter sido esgotados pelo peticionante, ônus que em tese recair-lhe-ia, conforme se extrai de seu próprio posicionamento no caso Rékasi *vs.* Hungria (mencionado no subcapítulo 3.2.4), ainda assim inadmitiu a comunicação com base na falta de diligência da vítima no âmbito interno.

Dessa feita, observa-se que a análise do CRPD é casuística e que como no caso brasileiro o peticionante foi detalhista em suas informações sobre os recursos internos que tentou esgotar, acabou por fornecer conteúdo suficiente para o Comitê concluir que ele não foi diligente.

### 3.3.3 Caso Chiara Sacchi e outros *vs.* Brasil[165]

O caso Chiara Sacchi e outros *vs.* o Brasil foi submetido ao Comitê sobre os Direitos da Criança (CRC) em 23 de setembro de 2019, sendo as vítimas representadas por advogados da ONG *Earthjustice*. O Comitê apreciou a admissibilidade e o mérito da comunicação conjuntamente, tomando sua decisão em 22 de setembro de 2021.

Antes de estudar os principais pontos do caso é preciso sublinhar algumas considerações, dada a singularidade da petição registrada no Comitê sobre os Direitos da Criança.

A comunicação tem como particularidade o fato de ter sido apresentada por peticionantes de diferentes nacionalidades e contra diferentes países, o que se assemelha às hipóteses de litisconsórcio ativo e passivo do Direito Processual Civil brasileiro, em que é possível, respeitadas determinadas condições, que um grupo de pessoas litigue conjuntamente contra outra(s) em uma mesma controvérsia judicial.[166] Nesse sentido, destaca-se que não foi encontrada nenhuma outra petição no CRC ou nos demais Comitês analisados que tenha semelhante característica.

---

[164] O CRPD citou os casos Jungelin *vs.* Suécia (Comunicação n.º 5/2011), A.F. *vs.* Itália (Comunicação n.º 9/2012) e Bacher *vs.* Áustria (Comunicação n.º 26/2014), todos de sua jurisprudência.

[165] Ver também Anexo B: Comunicação n.º 105/2019.

[166] De acordo com Neves (2021, p. 315), litisconsórcio é a "pluralidade de sujeitos em um ou nos dois dos polos da relação jurídica processual que se reúnem para litigar em conjunto".

Nesse contexto, a petição foi apresentada por representantes de Chiara Sacchi, nacional da Argentina; Catarina Lorenzo, nacional do Brasil; Iris Duquesne, nacional da França; Raina Ivanova, nacional da Alemanha; Ridhima Pandey, nacional da Índia; David Ackley III, Anjain e Litokne Kabua, nacionais Ilhas Marshall; Debora Agegbile, nacional da Nigéria; Carlos Manuel, nacional do Palau; Ayakha Mlithafa, nacional da África do Sul; Greta Thunberg e Ellen-Anne, nacionais da Suécia; Raslen Jbeili, nacional da Tunísia; e Carl Smith e Alexandria Villaseñor, nacionais dos Estados Unidos.

Os peticionantes alegaram violações aos artigos 6, 24 e 30, lidos em conjunto com o artigo 3 da Convenção sobre os Direitos da Criança. Em essência, os autores da comunicação defenderam que por não prevenir nem mitigar as consequências das mudanças climáticas, os Estados violaram seus direitos à vida, à saúde e ao direito de crianças de minorias étnicas ou religiosas ou linguísticas de praticar sua própria cultura, idioma e religião.

De acordo com o CRC, os autores apresentaram a mesma queixa contra Argentina, Brasil, França, Alemanha e Turquia e as cinco reclamações foram registradas com os números de 104/2019 a 108/2019. Especificamente em relação ao Brasil, a comunicação foi atribuída com o número 105/2019.

Em 20 de janeiro de 2020, o Brasil apresentou suas observações e sustentou, em síntese, que faltava jurisdição ao Comitê, que a denúncia era mal fundamentada e que não haviam se esgotado os recursos internos.

No curso do procedimento houve audiência oral com as partes, bem como a intervenção de terceiros (o antigo e o atual Relator Especial sobre o Meio Ambiente), que apresentaram informações assinalando que a crise climática já tem vários efeitos na vida e bem-estar dos seres humanos e, portanto, nos direitos humanos. Sobretudo, alegaram que as crianças são especialmente vulneráveis aos problemas de saúde agravados pelas mudanças climáticas, como infecções respiratórias agudas, desnutrição, diarreia e outras enfermidades transmitidas pela água.

À vista de todas as informações prestadas, o CRC analisou os pontos controvertidos referentes aos requisitos de admissibilidade, utilizando-se, conforme apontado alhures, da jurisprudência do Comitê de Direitos Humanos (CCPR) e do Tribunal Europeu de Direitos Humanos (TEDH) relativa à jurisdição extraterritorial, asseverando, entretanto, que ela foi desenvolvida e aplicada em situações muito distintas do caso em apreço (parágrafo 10.4).

De acordo com o CRC, na Opinião Consultiva n.º 23/17, a CorteIDH destacou que quando ocorre um dano transfronteiriço que afete direitos convencionais (previstos no tratado), entende-se que as pessoas cujos direitos foram violados estão sob a jurisdição do Estado de origem se existir uma relação de causalidade entre o fato que originou em seu território e o dano sofrido às pessoas que se encontram fora dele. Assim, o exercício da jurisdição surge quando o Estado de origem exerce um controle efetivo sobre as atividades praticadas (estando em posição de impedir sua ocorrência) que provocaram danos às vítimas e consequente violação a direitos humanos (parágrafo 10.5).

Nesse sentido, o CRC concluiu que quando ocorre um dano transfronteiriço, as crianças estão sob a jurisdição do Estado em cujo território originaram-se as emissões de carbono para os efeitos do art. 5, parágrafo 1º do Protocolo Facultativo, desde que haja um vínculo causal entre as ações ou omissões do Estado (que exerça um controle efetivo sobre as fontes de emissão) e o impacto negativo sobre os direitos da criança situada fora de seu território (parágrafo 10.7).

Outrossim, o CRC considerou que são geralmente aceitas e avaliadas pela ciência as emissões de carbono dos Estados que contribuem para a mudança climática e que esse tem um efeito adverso no desfrute das pessoas tanto dentro quanto fora do território do Estado-parte. Nesse passo, o Comitê entendeu que dada à capacidade de regular as fontes das emissões de carbono, o Estado brasileiro tem controle efetivo das atividades que contribuem para causar um dano razoavelmente previsível às crianças fora de seu território (parágrafo 10.9).

Em um segundo momento de sua fundamentação, o CRC compreendeu que lhe competiria analisar se existia vínculo causal suficiente entre o dano alegado pelos autores e as ações ou omissões do Estado para efeito de estabelecer a jurisdição. A esse respeito, o Comitê ressaltou que em consonância com a posição da CorteIDH, nem todo impacto negativo de danos transfronteiriços dá lugar à responsabilidade do Estado e que a jurisdição deve se justificar em função de circunstâncias particulares a serem analisadas no caso concreto, e que o dano deve ser "significativo", tendo a Comissão de Direito Internacional, ao dispor sobre dano transfronteiriço, afirmado que se deve entender "significativo" como algo mais "detectável", sem necessidade de ser "grave". Nessa senda, asseverou o CRC que a CorteIDH destacou que o dano deve conduzir a um efeito prejudicial real em assuntos como a saúde e a propriedade, e que tais efeitos devem ser suscetíveis de serem medidos por padrões fáticos e objetivos (parágrafo 10.12).

Em relação à questão da condição de vítima, o CRC considerou que por tratarem-se de crianças, os autores veem-se especialmente afetados pela mudança climática, tanto pela forma como experimentaram seus efeitos como pela possibilidade da mudança climática afetá-los ao longo da vida caso não se tomem medidas imediatas. Por exemplo, a seca ameaça a segurança jurídica de alguns autores e os incêndios florestais com a consequente fumaça agravaram a asma de outros (parágrafo 10.13).

Assim, o CRC concluiu que os autores justificaram suficientemente a comunicação para efeitos de se estabelecer a jurisdição do Estado e experimentaram um dano real e significativo, demonstrando sua condição de vítimas. Por conseguinte, o Comitê afirmou que o art. 5.1 do Protocolo Facultativo[167] não era óbice para o exame da comunicação.

Por outro lado, o CRC concluiu que os autores da comunicação não esgotaram os recursos internos. Para o Comitê, eles não apresentaram outras explicações do motivo pelo qual deixaram de interpor os recursos disponíveis apontados pelo Estado, apenas justificaram que não o fizeram por considerarem que não haveria possibilidade de alcançarem a tutela específica pretendida.

Nesse diapasão, o CRC destacou que meras dúvidas ou suposições sobre a possibilidade de os recursos prosperarem ou sobre a efetividade deles não exime os autores da obrigação de esgotá-los.[168] Outrossim, sublinhou que os peticionantes argumentaram que os procedimentos internos do Estado prolongar-se-iam injustificadamente, mas não trouxeram informações concretas que justificassem porque tais recursos se prolongariam ou porque não seriam efetivos (parágrafo 10.17). Assim, o CRC concluiu pela inadmissibilidade da comunicação.

### 3.3.4 Caso Lourdes da Silva Pimentel vs. Brasil[169]

O caso Lourdes Maria da Silva Pimentel foi a primeira petição brasileira a ser registrada no Sistema Convencional de Direitos Humanos. A

---

[167] Art. 5.1 do Decreto Legislativo n.º 85/2017: "As comunicações poderão ser apresentadas por pessoas ou grupos de pessoas, ou em nome de pessoas ou grupos de pessoas, sujeitas à jurisdição de um Estado-parte, que afirmem ser vítimas de uma violação cometida por esse Estado parte [...]".

[168] Nesse espeque, o CRC invocou o caso D.C. vs. Alemanha (Comunicação n.º 60/2018).

[169] Ver também Anexo B: Comunicação n.º 17/2008.

autora da comunicação apresentou a denúncia em nome de sua filha falecida, Alyne da Silva Pimentel Teixeira, tendo sido representada pelo Centro de Direitos Reprodutivos e Advocacia Cidadã pelos Direitos Humanos.

Consoante os dados do caso registrados no CEDAW, a petição foi apresentada no dia 30 de novembro de 2007, tendo participado das deliberações 21 dos 23 experts do Comitê. O CEDAW recebeu informações escritas *amicus curiae* do Comitê da América Latina e do Caribe para a Defesa dos Direitos da Mulher, Comissão Internacional de Juristas e Anistia Internacional, sobre o direito à saúde e à mortalidade materna no Brasil em que se põe em destaque as obrigações internacionais do Estado. A decisão de mérito e a admissibilidade sobre o caso ocorreram em 25 de julho de 2011, no 49º período de sessões do Comitê.

Na denúncia, a autora alegou que o Estado brasileiro violou os direitos à vida e à saúde de Alyne, previstos nos artigos 2 e 12 da Convenção sobre a Eliminação de Todas as Formas de Discriminação contra a Mulher.

Em síntese, a autora narrou que sua filha Alyne faleceu em razão do atendimento inadequado nos serviços de saúde, uma vez que seu óbito foi decorrência de uma série de erros que levaram a uma hemorragia interna após a realização do procedimento de curetagem.

Em 13 de agosto de 2008, o Estado brasileiro apresentou suas observações sobre a admissibilidade e o mérito da denúncia. Na ocasião, o Brasil reconheceu que a situação vulnerabilizada de Alyne necessitava de atenção médica individualizada, mas sublinhou que não houve nenhuma negativa de tratamento em razão de faltas de políticas públicas ou ausência de medidas de combate à discriminação.

Com relação às alegações de violação aos artigos 2 e 12 da Convenção, o Estado destacou que estão em desenvolvimento políticas públicas direcionadas especificamente às mulheres, sobretudo àquelas em situação de vulnerabilidade, e que impactam na igualdade entre homens e mulheres.

Outrossim, afirmou o Estado brasileiro que a falha no atendimento à saúde de Alyne não foi relacionada a uma questão de discriminação de gênero, mas à baixa qualidade dos serviços de saúde à população, e que a comunicação não demonstrou qualquer ligação entre gênero e possíveis erros médicos. Aliás, destacou que uma investigação administrativa interna pelo Comitê sobre Mortalidade Materna indicou que a morte de Alyne foi provavelmente em razão de uma hemorragia digestiva e não relacionada à maternidade.

No que concerne às medidas judiciais apresentadas pela família de Alyne, o Estado destacou que a ação cível entrou na fase de julgamento e que não existe demora para além do tempo normal de um processo judicial, pois o caso é complexo, necessitando o envolvimento de peritos para avaliação das provas.

Nessa senda, verifica-se que o Estado brasileiro não se prolongou em aduzira falta de preenchimento dos requisitos de admissibilidade em sua defesa, sublinhando apenas a questão *ratione materiae* e a inexistência de demora prolongada no exame meritório da ação judicial proposta pela vítima nas vias domésticas.

O CEDAW, ao examinar os critérios de admissibilidade, ressaltou que levando em consideração as informações prestadas pelas partes, o Estado-parte não apresentou explicações adequadas e convincentes sobre o motivo de a ação judicial ainda estar pendente ou porque as tutelas de urgência foram negadas. De acordo com o Comitê, as demoras na demanda judicial não podem ser atribuídas à complexidade da causa ou ao número de acusados, de modo que a delonga de oito anos constitui uma demora injustificada, nos termos do art. 4.1 da Convenção (necessidade de esgotamento dos recursos internos) (parágrafo 6.2).

Outrossim, considerou que a autora da comunicação apresentou, para fins de admissibilidade, fundamentação suficiente em relação às alegações de violação aos artigos 2 e 12 da Convenção, bem como estavam preenchidas as demais preliminares de mérito (parágrafo 6.3).

Nesse diapasão, observa-se que com relação ao requisito *ratione materiae* sinalizado nas observações brasileiras, o Comitê não discorreu fundamentadamente para efeitos de admissibilidade, deixando para analisar a questão na parte do mérito.

No exame do fundo do direito, o CEDAW, em atenção ao artigo 7.3 do Protocolo Facultativo à Convenção Internacional sobre a Eliminação de Todas as Formas de Discriminação contra a Mulher, concluiu que o Brasil violou os artigos 12 (direito à saúde), 2 "c" (acesso à justiça) e "e" (obrigação de devida diligência para regulamentar as atividades proporcionadas por agentes privados de saúde), em conjunto com o art. 1 da Convenção, concomitantemente com as Recomendações Gerais n.º 24 e n.º 28.

Entre suas recomendações, o CEDAW determinou que o Brasil proporcionasse uma reparação apropriada, incluindo uma indenização financeira à autora e à filha de Alyne e, de modo geral, assegurar os direitos das mulheres à maternidade sem riscos e à emergência obstétrica adequada; que as instalações e serviços privados de saúde cumpram com normas nacionais e internacionais em matéria de saúde reprodutiva; além de ministrar capacitação profissional aos trabalhadores de saúde, sobretudo em matéria de saúde reprodutiva da mulher; e que publicasse a decisão e a recomendação do Comitê em língua portuguesa a fim de alcançar a todos os setores da sociedade.

### 3.3.5 Caso Lula da Silva *vs.* Brasil[170]

A Comunicação n.º 2841/2016 foi submetida ao Comitê de Direitos Humanos (CCPR) em 28 de julho de 2016, pelos advogados do peticionante. A petição teve suas análises de admissibilidade e mérito apreciadas conjuntamente, quatro anos depois de seu registro no Comitê, em 17 de março de 2022.

Na denúncia, o peticionante alegou violações aos artigos 9.1, 14.1, 14.2, 17 e 25 do Pacto Internacional de Direitos Civis e Políticos, relativos aos direitos a julgamento justo; vedação à prisão arbitrária sem julgamento definitivo; presunção da inocência; direito à privacidade, ao respeito, à honra e à reputação; e direito de votar e ser votado nas eleições.

Em síntese, os fatos da denúncia remontam a uma operação que investigava casos de corrupção, sendo o autor um dos suspeitos e acusados dos crimes, tendo lhe sido negada a possibilidade de participar do processo eleitoral como candidato à presidência.

Interessante destacar que em 22 de maio de 2018, o Comitê rejeitou o pedido de medidas cautelares por considerar que

> [...] as informações fornecidas pelo autor [não] permitiram ao Comitê concluir [naquele] momento [...] que os fatos apresentados colocariam o autor em risco de dano irreparável, ou que poderiam impedir ou frustrar a eficácia da decisão Comitê (parágrafo 1.3 da comunicação, documentado nas *initial proceedings*).[171]

Todavia, no dia 17/08/2018, levando em consideração as novas informações apresentadas pelo autor, o CCPR considerou haver perigo de

---

[170] Ver também Anexo B: Comunicação n.º 2841/2016.
[171] A comunicação foi registrada em dois documentos separados denominados de *initial proceedings* e *final proceedings*.

dano irreparável com relação ao art. 25 do PIDCP, requerendo ao Brasil que garantisse todos os meios adequados e necessários para que o autor exercesse seus direitos políticos de votar e de ser votado (elegível) nas eleições de 2018 (parágrafo 1.4 da Comunicação, documentado nas *initial proceedings*). Todavia tal pleito não foi atendido pelo Estado brasileiro.

Ao realizar o exame da comunicação, o CCPR destacou que ao não respeitar a solicitação de medidas cautelares requisitadas, viola-se a proteção dos direitos garantidos no Pacto. Nesse sentido, o Comitê recorda que o não cumprimento das cautelares é incompatível com a obrigação do Estado em respeitar de boa-fé o procedimento de Comunicações Individuais estabelecido no Protocolo Facultativo e por isso constitui uma violação ao seu art. 1º (parágrafos 6.1 e 6.2 da comunicação, documentado nas *final proceedings*).[172]

Nesse contexto, o Comitê entendeu que o Estado brasileiro não esclareceu como as medidas cautelares foram cumpridas, haja vista que o autor foi impedido de se candidatar nas eleições, bem como deixou de votar, considerando violadas as obrigações do Brasil sob o art. 1º do Protocolo Facultativo (parágrafo 6.3).

Na análise das preliminares de mérito, o CCPR debruçou-se sobre a questão controvertida pelas partes no tocante ao esgotamento dos recursos internos. Nessa linha, o Comitê ressaltou que o momento de aferição do exaurimento das vias internas tem por base o tempo em que a comunicação está sendo examinada[173] (parágrafo 7.4). De acordo com o Comitê, a economia processual é um fator motivador para essa posição, uma vez que uma denúncia considerada inadmissível em razão do peticionante ter esgotado os recursos internos depois de sua submissão poderia ser imediatamente reenviada ao Comitê.[174]

Nesse sentido, o CCPR observou que durante todo procedimento as partes tiveram a oportunidade de apresentar informações e alegações adicionais ao Comitê, que foram transmitidas para comentários. Assim, concedeu-se às partes a possibilidade de contestar cada novo fato com seus respectivos argumentos (parágrafo 7.4).

---

[172] As referências dos parágrafos que seguem na sequência também se referem ao documento das *final proceedings*.
[173] O CCPR citou os casos Al-Gertani *vs.* Bósnia e Herzegovina (Comunicação n.º 1955/2010); Singh *vs.* França (Comunicação n.º 1876/2009); Lemerciere outros *vs.* França (Comunicação n.º 1228/2003); Baroy *vs.* Filipinas (comunicação n.º 1045/2002); Bakhtiyari e outros *vs.* Austrália (comunicação n.º 1069/2002).
[174] O CCPR citou o caso Bakhtiyarie outros *vs.* Austrália.

Ainda, quanto o argumento do Estado de que houve perda do objeto da comunicação, uma vez que alegações do autor foram acolhidas pelo Supremo Tribunal Federal (STF) em 2021, o CCPR destacou que tal decisão somente referiu-se às reclamações em relação ao direito a um julgamento imparcial, bem como não lhe providenciou qualquer compensação ou restituição. Dessa forma, o Comitê concluiu que não houve perda de objeto em relação à petição apresentada pelo autor, e por isso não estava impedido de examinar seu mérito (parágrafo 7.5 e 7.6).

Quanto às alegações do autor de sofrer risco de prisão preventiva por tempo indeterminado (em violação do artigo 9 do Pacto), o Comitê considerou que essas alegações não foram suficientemente fundamentadas para efeitos de admissibilidade, consoante o artigo 2 do Protocolo Facultativo (parágrafo 7.7).

No exame do mérito da comunicação, o CCPR concluiu que o Brasil violou os artigos 9.1, 14.1, 14.2, 17 e 25 "b" do Pacto, bem como o artigo 1º do Protocolo Facultativo.

Entre suas recomendações, o Comitê ressaltou que o Estado tem a obrigação de adotar todas as medidas necessárias para que tais violações não ocorram novamente, e determinou que lhe compete proporcionar uma reparação integral à vítima, em conformidade com o artigo 2.3 "a" do Pacto.

### 3.3.6 Caso David Santos Fiuza[175]

Uma vez que as informações no banco de dados do Comitê contra o Desaparecimento Forçado (CED) ainda não contenham detalhes acerca dos fatos ou da petição apresentada ao Comitê de forma acessível, não foi possível verificar o posicionamento do CED no tocante aos requisitos de admissibilidade e mérito relativos ao caso David Dantos Fiuza.

Ainda assim, segundo se extrai dos relatórios do CED emitidos sobre as petições apresentadas na forma do artigo 30 da Convenção, bem como dados coletados de jornais nacionais, o caso refere-se ao desaparecimento de um adolescente de 14 anos, que foi levado da porta de casa por policiais militares, no estado da Bahia.

---

[175] Ação Urgente n.º 61/2014.

No relatórios emitido pelo CED em maio de 2019 (doc. CED/C/16/2), sublinharam-se as informações do Estado de que a busca e as investigações sobre o desaparecimento de Davi Fiuza haviam sido enviadas ao Ministério Público da Bahia e que as autoridades policiais militares indicaram o possível envolvimento de 17 membros da corporação, sendo que tais esclarecimentos do Estado foram repassados a peticionante (United Nations, 2019b).

Agregou o CED, ademais, lamentar a demora do Ministério Público da Bahia na investigação do caso, apesar de ter recebido informações sobre os resultados das investigações policiais e sobre o fato de não terem sido adotadas medidas adicionais para procurar e localizar o Sr. Santos Fiuza (United Nations, 2019c).

No relatório publicado em 29 de outubro de 2020 (doc. CED/C/19/2), o CED criticou a falta de estratégia adequada para buscas e investigações de alguns Estados-partes, entre eles o Brasil, e especificou que a técnica adotada deve determinar as atividades e as verificações, que devem ser realizadas de forma integrada, bem como fornecer os meios e os procedimentos necessários para localizar as pessoas desaparecidas e investigar o desaparecimento (United Nations, 2020).

Nessa linha, o CED recomendou ao Brasil que avaliasse regularmente suas estratégias, bem como se assegurasse que todas as autoridades que participaram do processo tiveram acesso às informações pertinentes sobre as buscas e as investigações, enfatizando a necessária coordenação entre esses objetivos.

Em suma, pode-se inferir que o caso brasileiro, no mecanismo de Ação Urgente, preencheu todos os requisitos de admissibilidade, haja vista que o CED solicitou informações ao Estado brasileiro e vem acompanhando a situação. Lastima-se, contudo, que o Comitê não forneça maior transparência ou mais esclarecimentos sobre como são feitas as análises e as ponderações do Comitê quanto aos requisitos de admissibilidade das petições.

Por sua vez, em sua maioria, os casos brasileiros apresentados no mecanismo de Comunicações Individuais não lograram êxito em ter seus méritos apreciados, tendo os Comitês posições muitas vezes dissonantes quanto aos requisitos de admissibilidade, tornando temerárias algumas afirmações doutrinárias, como a de Trindade (1998), de que a *rationale* na proteção dos direitos humanos é embasada na distribuição do ônus da prova do exaurimento dos recursos internos, com maior peso recaindo sobre os Estados demandados.

Afinal, não foi o que se observou no caso F.O.F. *vs.* Brasil, em que mesmo Estado brasileiro não tendo indicado quais recursos deveriam ter sido esgotados pela vítima, ônus que em tese lhe recairia, ainda assim o CRPD inadmitiu a comunicação com base na suposta falta de diligência da vítima no âmbito interno para buscar a tutela dos direitos vindicados.

# CONSIDERAÇÕES FINAIS

O Sistema Convencional é complexo. Inserido como um ramo do Sistema Global dos Direitos Humanos, tem 10 comitês de monitoramento originados a partir da celebração de tratados específicos, à exceção do Comitê de Direitos Econômicos, Sociais e Culturais (CESCR), cujo surgimento tem previsão em uma Resolução do Conselho Econômico e Social (ECOSOC).

Existe uma pluralidade normativa dentro do Sistema Convencional composto não somente pelos tratados internacionais e seus Protocolos Facultativos, mas também por Regras de Procedimentos dos comitês de Monitoramento que visam estabelecer os métodos de trabalho e ritos a serem seguidos no exame de seus mecanismos, tal como no procedimento de Comunicações Individuais e de Ação Urgente.

É importante destacar que a semelhança entre a composição e as atribuições dos comitês de monitoramento incutiu a noção de sistema entre estudiosos e demais interessados (*stakeholders*). A própria Assembleia Geral da ONU, órgão principal das Nações Unidas, que tem representatividade de todos os países-membros da organização, reconhece a paridade e a importância dos *treaty-bodies* ao mesmo tempo em que empreende ações visando coordenar diálogos para harmonizar seus procedimentos e métodos de trabalho com o fito de melhorar a atuação do sistema, com maior impacto na realidade prática dos direitos humanos.

Dentre as competências dos 10 comitês de monitoramento, é possível elencar nove procedimentos distintos, sendo que o CERD, o CED e o SPT têm mecanismos exclusivos, como o "Alerta Precoce", a "Ação Urgente" e as "Visitas", respectivamente.

Os primeiros registros de Comunicações Interestatais no CERD, em 2018, foram ao encontro da doutrina, a exemplo de Nowak (2003), que vinha prospectando que esse mecanismo dificilmente seria acionado algum dia, quiçá abrir o caminho para apresentação de novas denúncias interestatais com base na análise dos seus impactos políticos e/ou jurídicos para os Estados em questão.

Em uma análise comparativa dos procedimentos, verifica-se que as denominações não são exatamente as mesmas entre os Comitês, havendo variações de termos que, às vezes, referem-se ao mesmo mecanismo, como Inquérito ou Investigação, e por vezes não apresentam semelhança, como o "Alerta Precoce" e "Ação Urgente" do CERD e o "Ação Urgente" do CED.

Nessa linha, temos que "percorrer" pelo Sistema Convencional não é tarefa simples. Os dois mecanismos que consistem em procedimentos que podem ser iniciados pelo peticionamento direto de indivíduos ou grupo de indivíduos vítimas de direitos humanos (ou seus representantes), por conseguinte, também apresentam inúmeros percalços.

O mecanismo de Comunicações Individuais que possibilita que vítimas ou seus representantes denunciem um Estado-parte sobre violações de direitos humanos não tem o mesmo rito dentro dos Comitês: existem órgãos de tratados que admitem *oral hearings* ou *oral comments*, como o CAT, o CERD, o CRC e o CCPR, e órgãos que admitem a intervenção de terceiros.

Em que pese haver similitude das preliminares de mérito expressas nos tratados e Regimentos Internos, a jurisprudência revela que nem sempre suas interpretações sobre os requisitos de admissibilidade são coincidentes, sobretudo quanto à litispendência internacional e o esgotamento dos recursos internos, de forma que as vítimas precisam conhecer o Comitê que irá peticionar, a fim de garantir a análise do fundo do direito controvertido.

A jurisprudência revela que os órgãos de tratados debruçam-se na análise dos requisitos de admissibilidade um a um, a depender de sua relevância para dirimir os pontos suscitados pelas partes, utilizando-se, para tanto, de seus Comentários Gerais e precedentes, seus e dos demais Comitês e órgãos internacionais de direitos humanos, como o TEDH e a Comissão Interamericana de Direitos Humanos.

No exame da litispendência internacional, as interpretações divergem substancialmente dentro dos Comitês, sendo que a par do CCPR e do CERD, os demais Comitês avaliam se houve a análise de mérito da mesma questão perante outro órgão internacional de solução de controvérsias, caminhando para um sentido de "coisa julgada internacional" a subtrair a sua competência.

Em relação ao requisito do esgotamento dos recursos internos, o CAT tem precedente, destacando a desnecessidade de exaurimento de todas as vias internas disponíveis, bastando que se esgote a tentativa da vítima em obter a solução do seu caso frente a um procedimento judicial adequado ao seu pleito.

Interessante ressaltar que CEDAW e CRPD têm precedentes no sentido de que não é necessário que o Estado-parte faça objeções quanto à falta de esgotamento dos recursos internos pelo peticionante para que analisem o preenchimento desse requisito de admissibilidade. Ambos detêm-se nas informações levadas pelas partes para concluir se o autor buscou o exaurimento das vias internas antes de apresentar sua denúncia ao Comitê, sendo, portanto, uma análise casuística.

Tal posicionamento está de acordo com a jurisprudência fixada pelo CCPR de que a falta de impugnação do Estado-parte quanto ao não esgotamento dos recursos internos resulta na consequente análise de mérito, conforme destacado no caso B.D.K. e outros *vs.* Canadá, mencionado alhures.

Outrossim, cumpre trazer a lume que a interpretação do CRPD em relação à não objeção de outras preliminares de mérito conduziu-o, tal qual o caso do CCPR anteriormente sublinhado, concluindo pela admissibilidade da comunicação. Assim, no caso Henley *vs.* Austrália,[176] o Comitê sublinhou que "à vista de que o Estado-parte não levantou outras objeções quanto às reclamações sob o artigo 9.1 'b' e artigo 30.1 'b', lidos em conjunto com o artigo 4.1 e 4.2, da Convenção" (tradução minha),[177] considerava essa parte da comunicação admissível.[178]

Paralelamente, sublinho entendimento do CCPR em relação ao momento em que devem ser considerados esgotados os recursos internos, estabelecendo que não é necessário o exaurimento das vias internas quando da apresentação da petição ao Comitê, bastando que haja seu esgotamento no momento da deliberação da decisão sobre o caso pelo órgão.

Nessa senda, confronta-se a lógica formulada pelas regras internacionais e pela doutrina de que esse seria um requisito representativo da natureza complementar e subsidiária da proteção internacional dos direitos humanos, que frisa ser dever primário do Estado solucionar os

---

[176] Comunicação n.º 56/2018.

[177] *"The Committee notes that the State party has raised no other objections to the admissibility of the author's claims under articles 9 (1) (b) and 30 (1) (b), read in conjunction with article 4 (1) and (2), of the Convention. Accordingly, it declares those parts of the communication admissible and proceeds with its consideration of the merits"* (United Nations, CRPD, case Henley *vs.* Austrália, 2022, §9.6).

[178] No caso, a autora denunciou o Estado-parte por violações aos direitos contidos nos artigos 4.1 e 4.2; artigo 5.3; artigo 9.1 "b" e artigo 30.1 "b" da Convenção. Em suas manifestações, o Estado-parte argumentou não ser admissível a comunicação pela falta de esgotamento de recursos internos, bem como, especificamente, sobre as reclamações da autora no tocante ao artigo 5.3, pela precariedade de fundamentação.

litígios dentro de sua jurisdição, conforme destacam Trindade (1998) e Faúndez Ledesma (2007).

Todavia, há que se fazer referência que esse problema é, até certo ponto, constatado em estudos mais antigos de Cançado Trindade, publicados em 1986, em que o autor destaca a prática da Comissão Interamericana de Direitos Humanos no âmbito do Sistema Interamericano. Nesse contexto, Trindade (1986) constatou que o não esgotamento dos recursos internos por parte de um peticionário acarretava, por vezes, na inadmissibilidade de uma reclamação, ou fazia com que Comissão adiasse a análise da questão, aguardando e mesmo indicando qual o recurso interno que devia ser esgotado.

Infelizmente, Trindade (1986) não chegou, à época, a aprofundar seus estudos de modo a indicar quais seriam as diferenças que existiram entre os casos apreciados pela Comissão Interamericana, ou mesmo relativos à composição da Comissão, que a impeliram a realizar tal distinção de posicionamento quanto à flexibilidade na aplicação da regra do não esgotamento dos recursos internos.

Desse modo, é inevitável a impressão de que a vítima em particular, ou mesmo a situação específica, considerada como politicamente relevante (tal como o caso Lula *vs.* Brasil), tenha influência em relação à flexibilização da posição dos Comitês quanto ao momento de analisar o requisito da necessidade do esgotamento dos recursos internos.

Outrossim, é importante recordar que o CERD tende a apresentar uma atuação mais vanguardista entre os Comitês, ampliando o conceito de vítima para englobar pessoas jurídicas, desde que as associações ou organizações representem uma classe de pessoas consideradas vulneráveis e tenham fins relevantes. Além disso, no exame da litispendência, foi o único Comitê a levantar o argumento de que seria inaplicável tal objeção quando se considera que a vítima alega violações com base em instrumentos normativos diversos, reclamando remédios ou soluções legais diferentes.

Logo, pode-se inferir que o CERD é o Comitê que mais amplia ou facilita o acesso às vítimas de violações de direitos humanos, em detrimento de argumentos que os Estados tendem a utilizar para esquivarem-se do seu dever de proteção.

De modo geral, vislumbra-se que o peticionamento das vítimas de direitos humanos no Sistema Global não parece ser facilitado ou acessível, uma vez que para lograrem que os Comitês analisem o mérito de uma petição e salvaguardem seus direitos, necessitam conhecer inúmeras peculiaridades regimentais e decisões jurisprudenciais.

Isso sem mencionar a barreira quanto ao idioma de interposição de uma petição. Uma comunicação individual só é admitida e registrada se for escrita em uma das línguas oficiais da ONU, à exceção de petições para o CRPD, em que é possível encaminhar uma reclamação por outros formatos acessíveis, como o Braile, tudo por e-mail (preferencialmente) ou via correios.

No levantamento dos casos julgados pelo Comitê de Direitos Humanos no período de 2019 a 2022 (sessão 127 a 136), verificou-se que dos 395 casos analisados, apenas 14 foram de países latino-americanos: cinco da Colômbia, quatro da Venezuela, três do México, um do Brasil e um da Argentina. Porquanto, observa-se que os países latino-americanos que falam a língua espanhola peticionam com maior frequência que o Brasil. Nessa ordem, indaga-se se isso não representaria uma barreira linguística ou apenas reflexo de que as vítimas brasileiras tendem a acreditar mais na resposta do Sistema Interamericano, no qual se verifica uma maior quantidade de casos brasileiros registrados quando em comparação com o Sistema Global.

Por outro lado, é necessário sublinhar que o emprego de diversas terminologias para referir-se à possibilidade de peticionamento individual dentro do Sistema Convencional pode embaraçar ainda mais a compreensão das vítimas ou seus representantes quanto à existência de um mecanismo de solução de controvérsias apto a tutelar seus direitos (no caso das Comunicações Individuais) ou acautelar-lhes a vida e/ou a integridade física em situações de desaparecimento forçado (no caso da Ação Urgente).

De competência exclusiva do Comitê contra o Desaparecimento Forçado (CED), o mecanismo chamado de "Ação Urgente" permite aos familiares ou pessoas com interesse legítimo a denunciarem diretamente ao Comitê o desaparecimento forçado de uma pessoa, almejando que se procedam às buscas pela sua localização. Apesar de ser um procedimento de extrema relevância para a defesa dos direitos humanos, é lamentável que o CED não publique mais informações sobre os casos registrados.

Há que se ressaltar, ademais, que a nomenclatura desses mecanismos parece dúbia quanto aos efeitos jurídicos por eles desencadeados ("comunicação", "reclamação", "denúncia"), sobretudo para as vítimas que querem ter seus casos resolvidos, com a tutela de seus direitos cumprida pelos Estados.

Para a doutrina internacionalista não deveria haver dúvidas quanto aos efeitos, haja vista que as obrigações de promoção e proteção dos direitos humanos estão bem disciplinadas nos tratados, sendo os Comitês atribuídos da competência de monitorar seu cumprimento.

Por fim, recordo, ainda, que conforme os dados fornecidos pelos Relatórios Bienais do secretário-geral da ONU sobre a "Situação do Sistema de Órgãos de Tratados dos Direitos Humanos", existe uma sobrecarga de trabalho dos comitês de monitoramento, no qual, como bem destacaram Jelic e Muehrel (2022), o III Relatório Bienal frisou que seriam necessários mais de seis anos para zerar o número de comunicações pendentes de análise, considerando-se que não se peticionasse mais nenhuma.

Tendo em vista que o relatório subsequente (IV Relatório Bienal) trouxe a segunda maior cifra no registro de petições desde a aprovação da Resolução n.º 68/628, como destacado no capítulo 1 (um), extrai-se que o atraso no exame das comunicações pendentes de análise pelos Comitês será ainda maior nos anos que virão, *rebus sic stantibus*.

Assim, além das dificuldades enfrentadas pelas vítimas no acesso e na apresentação de uma petição no Sistema Convencional, elas ainda têm que aguardar um lapso temporal incerto (e que só tende a aumentar) para verem seus direitos salvaguardados, uma vez que os Comitês continuam a ter limitações de recursos humanos e financeiros para a realização de seus trabalhos, cenário que ainda não apresenta perspectiva de melhoria.

Em conclusão, padronizar procedimentos não parece ser suficiente para harmonizar o Sistema Convencional e garantir-lhe maior eficiência, sob a perspectiva das vítimas de direitos humanos, haja vista existirem barreiras linguísticas e interpretações diferentes nos Comitês quanto aos mesmos requisitos de admissibilidade de uma petição, tornando dificultoso o seu acesso. Quiçá, a criação de um comitê tradutor e um comitê uniformizador de jurisprudência, ao menos com relação à admissibilidade de petições, pudesse tornar o Sistema Convencional mais próximo de alcançar o objetivo para o qual foi criado: promover e proteger os direitos humanos.

# REFERÊNCIAS

ALVES, Henrique Napoleão. Introdução ao Sistema ONU de solução de controvérsias em Direitos Humanos. Revista do Centro Acadêmico Afonso Pena, Belo Horizonte, n. 1, 2008. Disponível em: https://revistadocaap.direito.ufmg.br/index.php/revista/article/view/9. Acesso em: 20 out. 2021.

ALSTON, Philip. The Committee on Economic, Social and Cultural Rights. NYU Law and Economics Research Paper, New York, n. 20-24, 2020. Disponível em: https://papers.ssrn.com/sol3/papers.cfm?abstract_id=3630580. Acesso em: 20 out. 2021.

ALSTON, Philip; CRAWFORD, James. The Future of UN Human Rights Treaty Monitoring. Cambrigde: Cambrigde University Press, 2003.

ANAYA MUÑOZ, Alejandro. Regimes internacionais de direitos humanos. Sur: Revista Internacional de Direitos Humanos, São Paulo, v. 14, n. 25, p. 171-188, 2017. Disponível: https://sur.conectas.org/wp-content/uploads/2017/09/sur-25-portugues-alejandro-anaya-munoz.pdf. Acesso em: 15 ago. 2021.

BOBBIO, Norberto. A era dos direitos. Rio de Janeiro: Campus, 1992.

BRASIL. Decreto n.º 40, de 15 de fevereiro de 1991. Promulga a Convenção contra a Tortura e outros tratamentos ou penas cruéis, desumanas ou degradantes. Brasília, DF: Presidência da República, 1991. Disponível em: http://www.planalto.gov.br/ccivil_03/decreto/1990-1994/d0040.htm. Acesso em: 10 jun. 2021.

BRASIL. Decreto n.º 591, de 6 de julho de 1992. Promulga o Pacto Internacional sobre Direitos Civil e Políticos. Brasília, DF: Presidência da República, 1992. Disponível em: http://www.planalto.gov.br/ccivil_03/decreto/1990-1994/d0592.htm. Acesso em: 30 ago. 2021.

BRASIL. Decreto n.º 592, de 6 de julho de 1992. Promulga o Pacto Internacional sobre Direitos Econômicos, Sociais e Culturais. Brasília, DF: Presidência da República, 1992. Disponível em: http://www.planalto.gov.br/ccivil_03/decreto/1990-1994/d0591.htm. Acesso em: 12 ago. 2021.

BRASIL. Decreto n.º 4.377, de 13 de setembro de 2002. Promulga Convenção sobre a Eliminação de todas as formas de discriminação contra a Mulher. Brasília,

DF: Presidência da República, 2002. Disponível em: http://www.planalto.gov.br/ccivil_03/decreto/2002/d4377.htm. Acesso em: 10 set. 2021.

BRASIL. Decreto n.º 6.949, de 25 de agosto de 2009. Promulga a Convenção Internacional sobre os Direitos das Pessoas com Deficiência e seu Protocolo Facultativo, assinados em Nova York, em 30 de março de 2007. Brasília, DF: Presidência da República, 2009a. Disponível em: https://www.planalto.gov.br/ccivil_03/_ato2007-2010/2009/decreto/d6949.htm. Acesso em: 12 nov. 2020.

BRASIL. Decreto n.º 8.767, de 11 de maio de 2016. Convenção para Proteção de Todas as Pessoas contra o Desaparecimento Forçado, de 2006. Brasília, DF: Presidência da República, 2016. Disponível em: http://www.planalto.gov.br/ccivil_03/_ato2015-2018/2016/decreto/D8767.htm. Acesso em: 10 ago. 2020.

BRASIL. Decreto n.º 19.841, de 22 de outubro de 1945. Promulga a Carta das Nações Unidas. Brasília, DF: Presidência da República, 1945. Disponível em: http://www.planalto.gov.br/ccivil_03/decreto/1930-1949/d19841.htm. Acesso em: 15 ago. 2021.

BRASIL. Decreto n.º 65.810, de 8 de dezembro de 1969. Promulga a Convenção contra a Discriminação Racial de 1965. Brasília, DF: Presidência da República, 1969. Disponível em: http://www.planalto.gov.br/ccivil_03/decreto/1950-1969/D65810.html. Acesso em: 28 ago. 2021.

BRASIL. Decreto n.º 99.720, de 21 de novembro de 1990. Promulga a Convenção sobre os direitos da Criança, de 1989. Brasília, DF: Presidência da República, 1990. Disponível em: http://www.planalto.gov.br/ccivil_03/decreto/1990-1994/d99710.htm. Acesso em: 10 ago. 2020.

BRASIL. Câmara dos Deputados. Decreto Legislativo nº 311, de 16 de junho de 2009. Aprova o texto do Protocolo Facultativo ao Pacto Internacional sobre Direitos Civis e Políticos, adotado em Nova Iorque, em 16 de dezembro de 1966, e do Segundo Protocolo Facultativo ao Pacto Internacional sobre Direitos Civis e Políticos com vistas à Abolição da Pena de Morte, adotado e proclamado pela Resolução n.º 44/128, de 15 de dezembro de 1989, com a reserva expressa no art. 2º. Decreto Legislativo n.º 311, de 2009b, Brasília, 17 jun. 2009. Disponível em: https://www2.camara.leg.br/legin/fed/decleg/2009/decretolegislativo-311-16-junho-2009-588912-publicacaooriginal-113605-pl.html. Acesso em: 8 mar. 2022.

BRASIL. Lei n.º 8.069, de 13 de julho de 1990. Dispõe sobre o Estatuto da Criança e do Adolescente. Brasília, DF: Presidência da República, 1990. Disponível em: http://www.planalto.gov.br/ccivil_03/leis/l8069.htm. Acesso em: 10 mar. 2022.

BRASIL. Lei n.º 9.455, de 7 de abril de 1997. Define os Crimes de Tortura e dá outras providências. Brasília, DF: Presidência da República, 1997. Disponível em: https://www.planalto.gov.br/ccivil_03/leis/l9455.htm. Acesso em: 25 jul. 2020.

BRASIL. Supremo Tribunal Federal. (Tribunal Pleno). Recurso Extraordinário n.º 466.343-1/SP. Prisão Civil. Depósito. Depositário infiel. Alienação fiduciária. Decretação da medida coercitiva. Inadmissibilidade absoluta. Insubsistência da previsão constitucional e das normas subalternas. Interpretação do art. 5º, inc. LXVII e §§ 1º, 2º e 3º, da CF, à luz do art. 7º, § 7, da Convenção Americana de Direitos Humanos (Pacto de San José da Costa Rica). Recurso improvido. Julgamento conjunto do RE n.º 349.703 e dos HCs n.º 87.585 e n.º 92.566. E ilícita a prisão civil de depositário infiel, qualquer que seja a modalidade do depósito. Recorrente: Banco Bradesco S/A. Recorrido: Luciano Cardoso Santos. Relator: Min. Cezar Peluzo, 03 de dezembro de 2008. Disponível em: https://redir.stf.jus.br/paginadorpub/paginador.jsp?docTP=AC&docID=595444. Acesso em: 15 out. 2020.

BURGENTAHL, Thomas. The UN Human Rights Committee. Max Planck Yearbook of United Nations Law, *[s. l.]*, v. 5. p. 341-398, 2001. Disponível em: https://www.mpil.de/files/pdf1/mpunyb_buergenthal_5.pdf. Acesso em: 20 set. 2022.

CALLEJON, Claire. Developments at the Human Rights Council in 2007: a reflection of its ambivalence. Human Rights Law Review, Oxford, v. 8, p. 323-342, 2008. Disponível: https://academic.oup.com/hrlr/article-abstract/8/2/323/677796. Acesso em: 20 set. 2022.

CALLEJON, Claire; KEMILEVA, Kamelia; KIRCHMEIER, Felix. Treaty bodies' individual communication procedures: providing redress and reparation to victims of human rights violations. Geneva: Geneva Academy, 2019. Disponível em: https://repository.graduateinstitute.ch/record/297262. Acesso em: 16 set. 2022.

CASTAÑEDA HERNÁNDEZ, Mireya. Introducción al Sistema de Tratados de Derechos Humanos de las Naciones Unidas. México: Comisión Nacional de los Derechos Humanos, 2012. Disponível: https://biblioteca.corteidh.or.cr/tablas/r29898.pdf. Acesso em: 22 ago. 2021.

COMPARATO, Fábio Konder. A afirmação histórica dos direitos humanos. 5. ed. São Paulo: Saraiva, 2008.

DANTAS, Carla. Direito de Petição do Indivíduo no Sistema Global de Proteção dos Direitos Humanos. Sur: Revista Internacional de Direitos Humanos, São Paulo, v. 9, n. 17, p. 199-220, 2012. Disponível em: https://core.ac.uk/download/pdf/16051199.pdf. Acesso em: 22 ago. 2021.

DIDIER, Fredie Jr. Curso de Direito Processual Civil. 25 ed. Salvador: JusPodvm. 2022.

DONNELLY, Jack. Universal human rights in theory and practice. 2 ed. New York: Cornell University Press, 2003.

EGAN, Suzanne. Strengthening the United Nations Human Rights treaty body system. Human Rights Law Review, [s. l.], v. 13. n.1, p. 209-243, 2013. Disponível em: https://academic.oup.com/hrlr/article-abstract/13/2/209/578315. Acesso em: 24 ago. 2021.

ESTRADA TANCK, Dorothy. La situación de los derechos humanos en el conflicto de nagorno-karabaj: una visión desde los mecanismos de protección de naciones unidas. Revista UNISCI, [s. l.], n. 57, p. 297-316, 2021. Disponível em: http://www.unisci.es/wp-content/uploads/2021/10/UNISCIDP57-8ESTRADA.pdf. Acesso em: 15 fev. 2021.

FAÚNDEZ LEDESMA, Héctor. El agotamiento de los recursos internos en el sistema interamericano de protección de los derechos humanos. Revista IIDH, San José, IIDH, 2007, p. 43-122. Disponível em: https://www.corteidh.or.cr/tablas/r22020.pdf. Acesso em: 20 fev. 2023.

FROUVILLE, Oliver. The Committe on Enforced Disappearances. *In:* MÉGRET, Fréderic; ALSTON, Philip (org.). The United Nations and human rights: a critical appraisal. Oxford: Oxford University Press, 2020, p. 579-598.

GIESE, Núbia Caroline Tavares Costa. O impacto transformador do Protocolo Facultativo à Convenção sobre a Eliminação de Todas as Formas de Discriminação contra a Mulher na proteção dos direitos humanos à saúde materna: o caso Alyne da Silva Pimentel Teixeira. 2020. 271f. Dissertação (Mestrado em Direito) – Programas de Estudos Pós-Graduados em Direito, Pontífice Universidade Católica de São Paulo, São Paulo, 2020.

GOMES, Thaís Magno; FONSECA, Maria Eduarda Dias. Sistema Global Convencional de Direitos Humanos e a obrigatoriedade das Recomendações do Comitê de Direitos Humanos em casos contenciosos. *In*: II ENCONTRO VIRTUAL DO CONPEDI, 2020. Anais [...]. Santa Catarina: Conpedi, 2020. p. 158-178.

GROSBON, Sophie. Bilan critique de la activité des Comités onusiens: Situation du système des organes conventionnels des droits de l'Homme. La Revue des droits de l'homme: Actualités Droits-Libertés, Paris, maio, 2020. Disponível em: file:///C:/Users/Usuario/Downloads/revdh-9309.pdf. Acesso em: 15 fev. 2021.

HERZ, Mônica; HOFFMAN, Andrea Ribeiro. Organizações internacionais: histórias e práticas. Rio de Janeiro: Eslevier, 2004.

KELLY, Tobias. The UN Committee against Torture: human rights monitoring and the legal recognition of cruelty. Human Rights Quarterly, [s. l.], v. 31, n. 3, p. 777-800, 2009. Disponível em: https://www.jstor.org/stable/40389967. Acesso em: 17 maio 2022.

JELIĆ, Ivana; MÜHREL, Linus. The Human Rights Committee: challenges and prospects for enhanced effectiveness and integration. Journal of Human Rights Practice, Oxford, v. 14, p. 17-43, fev. 2022. Disponível em: https://academic.oup.com/jhrp/article-abstract/14/1/17/6717602. Acesso em: 10 abr. 2020.

KRASNER, Stephen. Causas estruturais e consequências dos regimes internacionais: regimes como variáveis intervenientes. Rev. Sociol. Polít., Curitiba, v. 20, n. 42, p. 93-110, jun. 2012. Disponível em: https://www.scielo.br/j/rsocp/a/b9xbgR49ZTvbzLq5RKFZrDg/?format=pdf&lang=pt. Acesso em: 10 abr. 2020.

KEANE, David. Mapping the international convention on the elimination of all forms of racial discrimination as a living instrument. Human Rights Law Review, Oxford, v. 20, p. 236-268, jun. 2020. Disponível em: https://academic.oup.com/hrlr/article/20/2/236/5858243. Acesso em: 19 abr. 2022.

LAFER, Celso. A ONU e os direitos humanos. Estudos avançados, São Paulo, v. 9, p. 169-185, 1995. Disponível em: https://www.scielo.br/j/ea/a/RKQnhmVyfNTkqNpLW8rbQcn/?format=pdf&lang=pt. Acesso em: 19 abr. 2022.

LAUTERPACHT, Hersch. International law and human rights. New York: F.A. Praeguer, 1950. Disponível em: https://archive.org/details/internationallaw00laut. Acesso em: 21 ago. 2023.

LIEBENBERG, Sandra. Between sovereignty and accountability: the emerging jurisprudence of the United Nations Committee on Economic, Social and Cultural Rights under the optional protocol. Human Rights Quarterly, Baltimore, v. 42, n. 1, p. 48-84, fev. 2020. Disponível em: http://www.seri-sa.org/images/Liebenberg_Between_Sovereignty_and_Accountability_HRQ_vol_42_2020.pdf. Acesso em: 19 abr. 2022.

MÉGRET, Fréderic; ALSTON, Philip. The United Nations and human rights: a critical appraisal. 2. ed. Oxford: Oxford University Press, 2020.

NAÇÕES UNIDAS. Assembleia Geral. Conselho de Direitos Humanos. Resolução A/HRC/RES/5/1, 2007. Disponível em: https://ap.ohchr.org/documents/dpage_e.aspx?si=A/HRC/RES/5/1. Acesso em: 19 abr. 2022.

NAÇÕES UNIDAS. Assembleia Geral. Resolução A/RES/66/254, 15 de maio de 2012. Disponível em: https://documents-dds-ny.un.org/doc/UNDOC/GEN/N11/474/06/PDF/N1147406.pdf?OpenElement. Acesso em: 19 abr. 2022.

NAÇÕES UNIDAS. Comitê contra a Tortura (CAT). Fact Sheet n.º 17. Disponível em: https://www.ohchr.org/sites/default/files/Documents/Publications/FactSheet17en.pdf. Acesso em: 11 maio 2021.

NAÇÕES UNIDAS. Comitê sobre a Eliminação da Discriminação Racial (CERD). CERD/EWUAP/104ª sessão, 2021. Disponível em: https://tbinternet.ohchr.org/_layouts/15/treatybodyexternal/SessionDetails1.aspx?SessionID=2483&Lang=en. Acesso em: 11 maio 2021.

NAÇÕES UNIDAS. Comitê sobre a Eliminação da Discriminação contra a Mulher (CEDAW). Rules of Procedure. Doc. A/56/38, 2008. Disponível em: https://digitallibrary.un.org/record/450271?ln=en. Acesso em: 11 maio 2021.

NAÇÕES UNIDAS. Comitê sobre os Direitos das Pessoas com Deficiência (CRPD). Rules of Procedure. Doc. CRPD/C/1/Rev.1, 2016. Disponível em: https://digitallibrary.un.org/record/847866/files/CRPD_C_1_Rev-1-EN.pdf?ln=en. Acesso em: 11 maio 2021.

NAÇÕES UNIDAS. Comitê sobre os Direitos da Criança (CRC). Rules of Procedure. Doc. CRC/C/4/Rev.5, 2019. Disponível em: https://digitallibrary.un.org/record/3799283?ln=en. Acesso em: 11 maio 2021.

NAÇÕES UNIDAS. Comitê sobre os Trabalhadores Migrantes (CMW), Fact Sheet n 24, Rev. 1, 2005. Disponível em: https://www.ohchr.org/sites/default/files/Documents/Publications/FactSheet24rev.1en.pdf. Acesso em: 11 maio 2021.

NAÇÕES UNIDAS. EACNUDH. Fact Sheet n.º 30, rev 1, 2012. Disponível em: https://www.ohchr.org/sites/default/files/Documents/Publications/FactSheet30Rev1.pdf. Acesso em: 11 maio 2021.

NAÇÕES UNIDAS. EACNUDH. Fact Sheet n.º 10, Rev. 1, The rights of the child. Disponível em: https://www.ohchr.org/en/publications. Acesso em: 11 maio 2021.

NACIONES UNIDAS (Viena). Conferencia Mundial de Derechos Humanos. Folleto informativo n.º 10 (Rev. 1): los derechos del niño. 10. ed. rev. Geneva: Naciones Unidas, 1993. 49 p. Disponível em: https://www.ohchr.org/sites/default/files/Documents/Publications/FactSheet10Rev.1sp.pdf. Acesso em: 15 jun. 2020.

NACIONES UNIDAS. 34ª reunión de las presidencias de los órganos creados en virtud de tratados de derechos humanos. Doc. HRI/MC/2022/3: progresos realizados en la armonización de las prácticas y los métodos de trabajo de los órganos creados en virtud de tratados. Ginebra, 2022. Disponível em: https://docstore.ohchr.org/SelfServices/FilesHandler.ashx?enc=FhOD6sgqgzAhFXD-9F%2FeKaHS27qvpChe6dsIpF%2FUJwxnk34aALWi3pFQMPEvzHrssr3UHH-FHY%2FqIl3dW%2FZTPukYroLEoQqjR2RxtlcCHCEYRIdXv9Zbyq5XQtVLt8%2Bg-3p. Acesso em: 26 set. 2022.

NACIONES UNIDAS. Oficina del Alto Comisionado para los derechos humanos. La Convención Internacional sobre toda forma de discriminación racial ICERD y su Comité CERD, 2011. Disponível em: https://www.ohchr.org/sites/default/files/documents/HRBodies/CERD/ICERDManual_sp.pdf. Acesso em: 12 abr. 2022.

NACIONES UNIDAS. Oficina del Alto Comisionado para los derechos humanos. Folleto Informativo n.º 30, Rev. 1: El sistema de tratados de derechos humanos de las Naciones Unidas, Ginebra, 2012. Disponível em: https://www.ohchr.org/en/publications/fact-sheets/fact-sheet-no-30-rev-1-united-nations-human-rights-treaty-system. Acesso em: 20 jun. 2020.

NACIONES UNIDAS. Oficina del Alto Comisionado para los Derechos Humanos. Folleto Informativo n.º 7, Rev. 2: Procedimientos para presentar denuncias individuales en virtud de tratados de derechos humanos de las Naciones Unidas. Ginebra, 2013.

NACIONES UNIDAS. Oficina del Alto Comisionado para los derechos humanos. Serie de Capacitación prefesional: Vigilancia del cumplimiento de la Convención sobre los derechos de las personas con discapacidad. Guía para los observadores de la situación de los derechos humanos. Ginebra, 2010. Disponível em: https://www.ohchr.org/en/publications/policy-and-methodological-publications/monitoring-convention-rights-persons. Acesso em: 12 set. 2020.

NACIONES UNIDAS. Asamblea General. Consejo de Derechos Humanos. Resolución A/HRC/RES/5/1, 18 jun. 2007. Disponível em: https://ap.ohchr.org/documents/dpage_e.aspx?si=a/hrc/res/5/1. Acesso em: 10 nov. 2020.

NACIONES UNIDAS. Comité de Derechos Humanos. Observación General n.º 31, 26 maio 2004. Disponível em: https://tbinternet.ohchr.org/_layouts/15/treatybodyexternal/TBSearch.aspx?Lang=en&TreatyID=8&DocTypeID=11. Acesso em: 22 abr. 2022.

NACIONES UNIDAS. Comité de los Derechol del Niño. Reglamento CRC/C/4/Rev. 5, 2019. Disponível em: https://tbinternet.ohchr.org/_layouts/15/treatybodyexternal/Download.aspx?symbolno=CRC/C/4/Rev.5&Lang=en. Acesso em: 02 abr. 2022.

NATIONS UNIES. Haut-Commissariat des Nations Unies aux droits de l'homme. Fiche d'information n. 17: le comité contre la torture. Genève, 1994. Disponível em: https://www.ohchr.org/sites/default/files/Documents/Publications/FactSheet17fr.pdf. Acesso em: 15 ago. 2020.

NATIONS UNIES. Assemblé Generale. Résolution A/RES/66/254, Soixante-sixième session, 15 maio 2012. Disponível em: https://digitallibrary.un.org/record/727611?ln=en. Acesso em: 15 abr. 2021.

NATIONS UNIES. Assemblé Generale. Résolution A/RES/68/268. Soixante-huitième session, 21 avril 2014. Disponível em: https://documents-dds-ny.un.org/doc/UNDOC/GEN/N13/455/54/PDF/N1345554.pdf?OpenElement. Acesso em: 15 abr. 2021.

NATIONS UNIES. Assemblé Generale. Résolution A/RES/71/185, 2017. Disponível em: https://digitallibrary.un.org/record/858553. Acesso em: 15 abr. 2021.

NATIONS UNIES. Assemblé Generale. Résolution A/RES/73/162. Soixante-treizième session, 8 janv. 2019. Disponível em: https://documents-dds-ny.un.org/doc/UNDOC/GEN/N18/448/79/PDF/N1844879.pdf?OpenElement. Acesso em: 15 abr. 2021.

NATIONS UNIES. Assemblé Generale. Résolution A/RES/75/174. Soixante-quinzième session, 28 déc. 2020a. Disponível em: https://documents-dds-ny.un.org/doc/UNDOC/GEN/N20/371/37/PDF/N2037137.pdf?OpenElement. Acesso em: 02 abr. 2021.

NATIONS UNIES. Assemblé Generale. Résolution A/RES/74/643. Soixante-quinzième session, 28 déc. 2020b. Disponível em: https://digitallibrary.un.org/record/3849276?ln=ru. Acesso em: 01 out. 2022.

NADER, Lucia. O papel das ONGs no Conselho de Direitos Humanos da ONU. Sur: Revista Internacional de Direitos Humanos, São Paulo, n. 7, p. 7-25, 2007. Disponível em: https://www.scielo.br/j/sur/a/fxc8nrPFp8SDqV5VMCQjKvt/?format=pdf&lang=pt. Acesso em: 12 mar. 2022.

NOWAK, Manfred. Introduction to the International Human Rights Regime. Leiden: Brill, 2003. 365 p. ISBN 9789004136588.

O'FLAHERTY, Michael. The concluding observations of United Nations Human rights treaty bodies. Human Rights Law Review, [s. l.], v. 6, p. 27-52, fev. 2006. Disponível em: https://academic.oup.com/hrlr/article-abstract/6/1/27/664932?redirectedFrom=fulltext. Acesso em: 12 mar. 2022.

O'FLAHERTY, Michael; O'BRIEN, Claire. Reform of un human rights treaty monitoring bodies: a critique of the concept paper on the high commissioner's proposal for a unified standing treaty body. Human Rights Law Review, [s. l.], v. 7, p. 141-172, fev. 2007. Disponível em: https://academic.oup.com/hrlr/article-abstract/7/1/141/645652?redirectedFrom=fulltext. Acesso em: 12 mar. 2022.

OLIVIER, Audrey; NARVAEZ, Marina. OPCAT challenges and the way forwards: the ratification and implementation of the optional protocol to the UN Convention Against Torture. Essex Human Rights Review, [s. l.], v. 6, n. 1. p. 39-53, dez. 2009. Disponível em: http://projects.essex.ac.uk/ehrr/V6N1/OlivierNarvaez.pdf. Acesso em: 12 mar. 2022.

ORGANIZAÇÃO DAS NAÇÕES UNIDAS (ONU). Guia de orientação das Nações Unidas no Brasil para denúncias de discriminação étnico-racial. Brasília: SEPPIR; ONU, 2011. Disponível em: https://www.unicef.org/brazil/media/3721/file/Guia_de_orientacao_das_Nacoes_Unidas_no_Brasil_para_denuncias_de_discriminacao_etnico-racial.pdf. Acesso em: 15 mar. 2022.

PIOVESAN, Flávia. A proteção internacional dos direitos das mulheres. R.EMERJ, v. 15, n. 57. p. 70-89, jan.-mar. 2012. Disponível em: https://www.emerj.tjrj.

jus.br/revistaemerj_online/edicoes/revista57/revista57_70.pdf. Acesso em: 15 mar. 2022.

PIOVESAN, Flávia. Direitos humanos e justiça internacional. 9. ed. São Paulo: Saraiva, 2019. 408 p. ISBN 9788553604593.

PIOVESAN, Flávia. Direitos humanos e o direito constitucional internacional. 20. ed. São Paulo: Saraiva, 2022. 768 p. ISBN 9786553621633.

RAMOS, André de Carvalho. Mandados de criminalização no direito internacional dos direitos humanos: novos paradigmas da proteção das vítimas de violações de direitos humanos. Revista Brasileira de Ciências Criminais, [s. l.], v. 62, p. 9, set. 2006. Disponível em: https://edisciplinas.usp.br/pluginfile.php/4940117/mod_resource/content/1/ACR_Mandados_de_Criminalizacao.pdf. Acesso em: 15 mar. 2022.

RAMOS, André de Carvalho. Processo internacional de direitos humanos. 6. ed. São Paulo: Saraiva, 2019.

RAMOS, André de Carvalho. Curso de direitos humanos. 9. ed. São Paulo: Saraiva, 2022.

REZEK, Francisco. Direito internacional público. 18. ed. São Paulo: Saraiva, 2022.

RODLEY, Nigel S. United Nations human rights treaty bodies and special procedures of the commission on human rights: complementarity or competition?. Human Rights Quarterly, [s. l.], v. 25, n. 4, p. 882-908, nov. 2003. Disponível em: https://www.jstor.org/stable/20069698. Acesso em: 15 mar. 2022.

SHAW, Malcolm N. Direito internacional. São Paulo: Martins Fontes, 2010.

SHIKHELMAN, Vera. Implementing decisions of international human rights institutions: evidence from the united nations human rights committee. The European Journal of International Law (EJIL), [s. l.], v. 30, n. 3, p. 753-777, 2019. Disponível em: https://academic.oup.com/ejil/article-abstract/30/3/753/5673315. Acesso em: 10 mar. 2022.

SILVA, Guilherme A.; GONÇALVES, Williams. Dicionário de relações internacionais. São Paulo: Manole, 2005.

SHELTON, Dinah. Remedies in international human rights. Oxford: Oxford University Press, 2005.

STOLL, Peter Tobias. Human rights, treaty bodies. Max Planck encyclopedias of international law. Oxfor University Press, 2008. Disponível em: https://opil.ouplaw.com/display/10.1093/law:epil/9780199231690/law-9780199231690-e820. Acesso em: 10 mar. 2022.

SUNGA, Ricardo A. The committee on enforced disappearances and its monitoring procedures. Deakin Law Review Style Guide, [S. l.], v. 17, n. 1, p. 151-190, 1 out. 2012. Disponível em: https://ojs.deakin.edu.au/index.php/dlr/article/view/72/76. Acesso em: 26 maio 2022.

TRINDADE, Antônio Augusto Cançado. A regra do esgotamento dos recursos internos revisitada: desenvolvimentos jurispruência is recentes no âmbito da proteção internacional dos direitos humanos. Liber Amicorum: Héctor Fix-Zamudio, San José, Costa Rica: Corte Interamericana de Derechos Humanos, p. 15-43, 1998. Disponível em: https://nidh.com.br/wp-content/uploads/2018/06/4.-Can%C3%A7ado-trindade-n%C3%A3o-esgotamentodos-recursos-internos.pdf. Acesso em: 10 dez. 2022

TRINDADE, Augusto Antônio Cançado. The access of individuals to international justice. Oxford: Oxford University Press, 2012.

TRINDADE, A. A. Cançado. A consolidação da capacidade processual dos indivíduos na evolução da proteção internacional dos direitos humanos: quadro atual e perspectivas na passagem do século. *In:* PINHEIRO, Paulo S.; GUIMARÃES, Samuel P. (org.). Direitos Humanos no século XXI. Brasília: IPRI, 2002, p. 19-48. Disponível em: https://www.corteidh.or.cr/tablas/27568.pdf#page=19. Acesso em: 14 fev. 2024.

TRINDADE, Augusto Antônio Cançado. Desafios e conquistas do direito internacional dos direitos humanos no início do século XXI. OEA, *[s. l.]*, p. 407-490, 2006. Disponível em: https://www.oas.org/dil/esp/407-490%20cancado%20trindade%20oea%20cji%20%20.def.pdf. Acesso em: 10 abr. 2020.

TRINDADE, Antônio Augusto Cançado. O esgotamento dos recursos internos e a evolução da noção de "vítima" no direito internacional dos direitos humanos. Revista IIDH, v. 3, San José, p. 5-78, 1986. Disponível em: https://repositorio.iidh.ed.cr/items/3acc4e2b-c11a-4985-8209-0ce41dc7e6a0. Acesso em: 15 out. 2023

UNITED NATIONS. Treaty Collection. Amendment to article 43 (2) of the convention on the rights of the child, 12 dez. 1995. Disponível em: https://treaties.

un.org/doc/Treaties/1998/05/19980501%2004-05%20AM/Ch_IV_11_ap.pdf. Acesso em: 26 nov. 2022.

UNITED NATIONS. Committee on Migrant Workers. Fact Sheet n.º 24. Rev. 1, Geneve, 2005. Disponível em: https://www.ohchr.org/en/publications. Acesso em: 15 out. 2022.

UNITED NATIONS. Committee on Civil and Political Rights. General Comment n. 33. Geneva, 2009. Disponível em: https://tbinternet.ohchr.org/_layouts/15/treatybodyexternal/TBSearch.aspx?Lang=en&TreatyID=8&DocTypeID=11. Acesso em: 06 fev. 2022.

UNITED NATIONS. Committee on Human Rights. Rules of Procedure, 2021a. Disponível em: https://tbinternet.ohchr.org/_layouts/15/treatybodyexternal/TBSearch.aspx?Lang=en&TreatyID=8&DocTypeID=65. Acesso em: 20 fev 2022.

UNITED NATIONS. Committee on the Rights of the Child. Rules of procedure under the optional protocol to the convention on the rights of the child on a communication procedure (CRC/C/158), 2021b. Disponível em: https://www.ohchr.org/en/treaty-bodies/crc/rules-procedure-and-working-methods. Acesso em: 25 out. 2022.

UNITED NATIONS. Economic and social council. Resolution 1985/17, 1985. Disponível em: https://documents-dds-ny.un.org/doc/RESOLUTION/GEN/NR0/663/73/IMG/NR066373.pdf?OpenElement. Acesso em: 26 set. 2022.

UNITED NATIONS. General Assembly. Addis Ababa Guidelines. Doc. A/67/22, 2012. Disponível em: https://www.ohchr.org/Documents/HRBodies/TB/Annual-Meeting/AddisAbebaGuidelines_en.doc. Acesso em: 18 abr. 2022.

UNITED NATIONS. Office of the high commissioner on human rights. Fact Sheet. n. 7. Rev. 2: individual complaints procedures under the United Nations human rights treaties, New York and Geneva, 2013. Disponível em: https://www.ohchr.org/en/publications?field_content_category_target_id[169]=169&created[min]=&created[max]=&sort_bef_combine=field_published_date_value_DESC. Acesso em: 12 ago. 2022.

UNITED NATIONS. Committee on Civil and Political Rights. Guidelines on making oral comments concerning communications, 2019. Disponível em: https://digitallibrary.un.org/record/3899530. Acesso em: 20 out. 2022.

UNITED NATIONS. Committee on Enforced Disappearances. Report on requests for urgent actions. Doc. CED/C/16/2, 2019b. Disponível em: https://tbinternet.ohchr.org/_layouts/15/TreatyBodyExternal/TBSearch.aspx?Lang=en&TreatyID=2&DocTypeID=167. Acesso em: 15 jan. 2023.

UNITED NATIONS. Committee on Enforced Disappearances. Report on requests for urgent actions. Doc. CED/C/17/2, 2019c. Disponível em: https://tbinternet.ohchr.org/_layouts/15/TreatyBodyExternal/TBSearch.aspx?Lang=en&TreatyID=2&DocTypeID=167. Acesso em: 15 jan. 2023.

UNITED NATIONS. Committee on Enforced Disappearances. Report on requests for urgent actions. Doc. CED/C/19/2, 2020. Disponível em: https://tbinternet.ohchr.org/_layouts/15/TreatyBodyExternal/TBSearch.aspx?Lang=en&TreatyID=2&DocTypeID=167. Acesso em: 15 jan. 2023.

UNITED NATIONS (New York). International Convention on the Elimination of All Forms of Racial Discrimination. C.N.650.2002.TREATIES-4, 20 jun. 2002. The Federative Republic of Brazil recognizes the competence of the Committee on the Elimination of Racial Discrimination to receive and consider complaints of human rights violations, as provided for under article XIV of the International Convention on the Elimination of All Forms of Racial Discrimination, which was opened for signature in New York on 7th of March 1966. New York, 20 jun. 2002. Disponível em: https://treaties.un.org/doc/Publication/CN/2002/CN.650.2002-Eng.pdf. Acesso em: 22 maio 2022.

UNITED NATIONS. Committee on Enforced Disappearances. Guidance for the submission of a request for urgent action to the Committee, 2021c. Disponível em: https://docstore.ohchr.org/SelfServices/FilesHandler.ashx?enc=6QkG1d%-2FPPRiCAqhKb7yhskmsC0lQ4rZNID%2FpQKWIBVm1k5t6iVs8u1ywXp8mqUct3PLLi%2FJJRL2SdRRPL2LE9WjONiOCcCdavMpV6E0zTYmaEX2g8sP3s3MC-ClhdYrHa. Acesso em: 15 mar 2023.

UNITED NATIONS. Committee on Enforced Disappearances. Report on requests for Urgent Actions submitted under article 30 of the Convention. Disponível em: https://tbinternet.ohchr.org/_layouts/15/TreatyBodyExternal/TBSearch.aspx?Lang=en&TreatyID=2&DocTypeID=167. Acesso em: 20 nov. 2022.

UNITED NATIONS. General Assembly. Treaty Bodies Doc. A/77/279, 2022. Disponível em: https://www.ohchr.org/en/calls-for-input/2022/fourth-biennial-report-status-human-rights-treaty-body-system. Acesso em: 12 nov. 2022.

UNITED NATIONS, Secretary General. Fourth biennial report on the status of the human rights treaty body system. Doc. A/77/279, ago. 2022. Disponível em: https://www.ohchr.org/en/calls-for-input/2022/fourth-biennial-report-status-human-rights-treaty-body-system. Acesso em: 19 dez. 2022.

VARELLA, Marcelo Dias. Direito internacional público. 7. ed. São Paulo: Saraiva, 2018.

VILLEGAS ERGUETA, Mariana R. The multifaceted and dynamic interplay between hard law and soft law in the field of international human rights law. Revista Ciencia y Cultura, [s. l.], v. 19, n. 35, p. 185-202, 2015.

VIJEYARASA, Ramona. Quantifying CEDAW: concrete tools for enhancing accountability for women's rights. Harvard Human Rights Journal, [s. l.], v. 34, p. 37-80, mar. 2020. Disponível em: https://papers.ssrn.com/sol3/papers.cfm?abstract_id=3856793. Acesso em: 12 nov. 2022.